Nora Kircher

Glutenfrei und laktosefrei backen

Über 100 erprobte Rezepte und viele Tipps für Brote, Kuchen, Plätzchen

Edition GesundheitsSchmiede

© 2012 KulturGut Alte Schmiede, D-37194 Wahlsburg

4 3 2 1 | 2015 2014 2013 2012

Vertrieb: Walter Hädecke Verlag, D-71263 Weil der Stadt

Alle Rechte vorbehalten, insbesondere die der Übersetzung, der Übertragung durch Bild- und Tonträger, des Vortrags, der fotomechanischen Wiedergabe, der Speicherung und Verbreitung in Datensystemen und der Fotokopie. Nachdruck, auch auszugsweise, nur mit Genehmigung des Verlages.

Die Ratschläge in diesem Buch wurden von der Autorin und den Herausgebern sorgfältig geprüft, dennoch kann eine Garantie nicht übernommen werden. Alle Informationen ersetzen in keinem Fall den Rat und die Hilfe eines Arztes oder Therapeuten. Eine Haftung der Autorin bzw. der Herausgeber und ihrer Beauftragten für Personen-, Sach- und Vermögensschäden ist ausgeschlossen.

Umschlaggestaltung: Antje Jaruschewski, Oldenburg
Titelbild Gebäck: www.dreamstime.com (Viktor Fischer)
Titelbild Teig: Archiv Hädecke (Chris Meier)
Satz: Arnold & Domnick, Verlagsproduktion, Leipzig

 Gedruckt auf FSC-Papier aus nachhaltiger Forstwirtschaft und Holz aus kontrollierter Herkunft.

Printed in EU 2012

ISBN 978-3-7750-0716-0

Abkürzungen

EL	Esslöffel
g	Gramm
ml	Milliliter
Prise	Menge, die zwischen Daumen, Zeige- und Mittelfinger passt
MSP	Messerspitze
TL	Teelöffel

Inhaltsverzeichnis

Vorwort 13

Brot backen 15

Spartipps 15
Getreide selber mahlen 15
Kartoffeln statt Mehl 16
Backpapier mehrfach verwenden 16
Hefe 16
Guarkernmehl 17
Brot bei Heißluft backen 17
Ofen 17
Gleichzeitig Ofenkartoffeln 17

Allgemeine Tipps 17
Abwiegen 17
Hefe 18
Salz im Rezept 18
Essig 18
Klebriger Teig 18
Hefeteig zubereiten 18
Backpulverteig herstellen 19
Aufgehzeiten 19
Freigeschobenes Brot 20
Backformen 20
Backform verkleinern 20
Backpapier 21
Backtemperatur 21
Backzeit 21

Inhaltsverzeichnis

Brotbackautomat 21
Schöne Brotkruste 22
Gartest für Brot 22
Brot missraten 23
Haltbarkeit 23
Toaster 23
Brotmesser und Schneidebrett 24
Brot aufbewahren 24
Brot einfrieren 24

Mehle und Backzutaten für Brot 24
Geeignete Mehle 24
Ergänzungen zum Mehl 27
Verdickungsmittel 27
Backtriebmittel 28
Gewürze im Brot 29
Kruste 30
Zucker 30

Rezepte für Brot 31

Brot, in der Kastenform gebacken 31
Rustikalbrot 32
Kartoffelbrot, dunkel 32
Kartoffelbrot, hell 32
Kartoffelbrot, halbweiß 33
Kartoffel-Karottenbrot 33
Kleines Ingwerbrot 34
Kleines Kartoffelbrot mit Sesam 34
Reis-Mehlmix-Brot 34
Buchweizenbrot 35
Lauchzwiebelbrot 35
Einfaches kleines Brot 36
Kürbisbrot 36
Buchweizenbrot 36
Walnuss-(Baumnuss-)Mandelbrot 37
Vollkornreis-Mehlmixbrot 37
Buchweizenbrot 37
Mehlmix-Buchweizenbrot 38
Zitronenbrot 38
Vollkornreis-Kartoffelbrot 38
Karotten-Kartoffel-Vollkornbrot 39
Toastbrot 39
Maisbrot 40

Freigeschobenes Brot..40
Tomatenbrot..40
Mandel-Karottenbrot..41

Fladenbrot und Laugenbrötchen...............................42
Fladenbrot...42
Fladenbrot aus der Pfanne..................................42
Fladenbrot nach Südtiroler Art.............................43
Laugenbrötchen...44
Laugenbrötchen mit Kartoffeln..............................44

Brotbackautomat...45
Tipps..45
Backfehler im Brotbackautomaten............................45
Großes Brot..46
Kleines Brot...46
Großes Mehrkornbrot..46
Großes Vollkornbrot mit Frischhefe.........................47
Großes Buchweizenbrot......................................47
Kleines Kartoffelbrot......................................48
Kleines Kartoffelbrot......................................48
Kleines Karottentoastbrot..................................48
Kleines Kartoffeltoastbrot.................................49

Bagels..50

Bagels mit Hefeteig...50
Einfache Bagels..50
Karottenbagels...51
Kartoffelbreibagels..51
Reisbagels...52
Kartoffelbagels..52
Dunkle Bagels..52
Helle Bagels...53

Bagels mit Backpulver.......................................53
Mandelbagels...53
Zwiebelbagels..54
Knoblauchbagels..54
Paprikabagels..54
Schnelle Bagels..55
Oreganobagels..55
Ingwerbagels...56
Olivenbagels...56

Inhaltsverzeichnis

Pizza und Pizzabrötchen 57

Pizza vom Blech 57
Kartoffelteigpizza. 58
Mini-Pizzabrötchen 58
Buchweizen-Minis. 58
Paprika-Minis 59
Gefüllte Paprika-Minis. 60

Knäckebrot 61

Helles Knäckebrot 61
Buchweizenknäckebrot 62

Kuchen backen 63

Spartipps. 63
In Schalen oder Schüsseln backen 63
Saisonkuchen einfrieren. 64
Backpapier. 64
Kartoffeln im Teig 64
Stärkemehl. 64
Puderzucker herstellen. 64

Allgemeine Tipps. 65
Mehl austauschen 65
Eifreie Rezepte. 65
Teig abschmecken 65
Schokolade 66
Süßes im Kuchen und Gebäck. 66
Vanillezucker 66
Backform einfetten 67
Kuchen einfrieren 67

Mehle und Backzutaten für Kuchen 67
Mehle 67
Verdickungsmittel 68
Eier im Kuchen 68
Butter oder Margarine 68
Gewürze. 68
Salz 69
Stevia 70
Gartest für Kuchen 70
Brownies 70
Crumble 71

Inhaltsverzeichnis

Tipps für Glasuren und Dekorationen ... 71
Kuchenglasuren ... 71
Schokoladenglasuren ... 71
Alkohol in der Glasur ... 71
Schokoraspel ... 72
Puderzuckerglasur ... 72
Marzipandekoration ... 72
Schablonen für die Dekoration ... 72
Glasierte Nüsse ... 72

Rezepte für Kuchen ... 73
Apfelkuchen mit Ei ... 73
Mandel-Apfelkuchen mit Ei ... 73
Marmorkuchen mit Ei ... 74
Dattelbrot ... 74
Feigenbrot ... 75
Früchtebrot ... 75
Fettarme Brownies ... 76
Brownies ... 76
Brownies mit Sirup ... 77
Ingwerbrownies ... 77
Zwetsch(g)enkuchen ... 78
Zwetsch(g)enkuchen ... 78
Zwetsch(g)enkuchen mit Zwieback ... 79
Zwetsch(g)enkuchen aus Fertigmehl ... 79
Zwetsch(g)enkuchen aus Reismehl ... 80
Streuselteigkuchen ... 81
Crumble ... 81
Apfel-Zitronen-Crumble ... 82
Hefe-Rosinenbrot ... 82
Dattelkuchen ... 83
Fettgebackenes ... 83
Früchtekuchen ... 84

Plätzchen backen ... 85

Allgemeines ... 85

Spartipps fürs Plätzchenbacken ... 85
Flasche zum Ausrollen ... 85
Glas statt Ausstechformen ... 85
Papier mehrfach verwenden ... 86
Vanillezucker selbst herstellen ... 86
Puderzucker selbst herstellen ... 86
Auf einmal backen ... 86

Inhaltsverzeichnis

Allgemeine Tipps fürs Plätzchenbacken 87
Teig abschmecken 87
Gewürze 87
Teig ausrollen 88
Glasuren 88
Zucker zum Dekorieren 88
Backzeit 89
Plätzchen befeuchten 89
Plätzchen aufbewahren 89
Weitere Tipps 89

Mehle und Backzutaten für Plätzchen 89
Mehle, Stärke 89
Süßmittel 90

Glasuren 90
Zuckerglasur 90
Noch ein paar Glasurtipps 91
Schokoladenglasur 92
Dekoration 92
Eiweißglasur 93

Plätzchenrezepte 93
Mandelhäufchen mit Eiweiß 93
Wespennester 93
Eierplätzchen 94
Einfache Plätzchen 94
Heidesand 95
Marmorplätzchen 95
Honigplätzchen 96
Doppeldecker 96
Mandel-Ingwerplätzchen 97
Spekulatius 97
Haselnuss-Schokoplätzchen 98
Nusstaler 98
Vanillekipferl 99

Inhaltsverzeichnis

Naschen ohne Backen 100

Allgemeines 100
Tipps und Tricks 100
Marzipankartoffeln 101
Schnelle Marzipankartoffeln 101
Nuss-Sirupkugeln 102
Mandelkugeln 102
Fruchtkugeln 102
Rosinenkugeln 103
Gefüllte Datteln 103
Gebrannte Mandeln 103
Kandierte Mandeln 104
Sesamkrokant 104
Schokocrunchy 104
Schokopopcorn 105
Schokomandeln 105
Schokotrüffeln 105
Schoko-Mandeltrüffeln 106
Sirup-Zimt-Trüffeln 106
Kokostrüffeln 107
Kokoscrunchy 107
Thymiantrüffeln aus Thymianaufguss 107
Thymiantrüffeln aus Thymianpulver 108
Zitronentrüffeln 108
Mandelschokolade 108
Crispschokolade 109

Unterwegs 110

Kurzreise 111

Ferienwohnung 111

Brot und Kuchen unterwegs 111
Lange Reise 112
Mehl für unterwegs 112

Adressen 113

11

Vorwort

Vermutlich spreche ich Ihnen aus der Seele, wenn ich sage, dass ich dankbar für die Diagnose »Sprue« war, denn nun wusste ich, was zu tun war, und danach ging es mir gesundheitlich sehr viel besser. Ich hatte wieder Freude am Leben, was sich bis heute, etwa 25 Jahre später, nicht geändert hat.
Eine positive Einstellung hat mir all die Jahre viel geholfen. Zu Anfang traf ich gelegentlich auf Unverständnis und oft auf Unwissenheit. Beides hat sich mit den Jahren verändert. Die Zöliakie wird öfter erkannt, was nicht heißt, dass es sie häufiger gibt, aber dass die Ärzte in der Diagnosestellung besser geworden sind. Dazu trägt auch bei, dass beim ersten Verdacht nicht gleich eine Darmbiopsie durchgeführt werden muss, es gibt mittlerweile einen Bluttest.
Die Folge ist, dass es auch deutlich mehr Firmen gibt, die glutenfreie Produkte herstellen. Zudem haben viele Lebensmittelhersteller ihre Rezepturen dahingehend verändert, dass sie glutenfrei sind. Was sie entsprechend deklarieren.
Nach wie vor sind das Brot, der Kuchen und die Plätzchen aber deutlich teurer als »normales« Gebäck. Außerdem ist die Auswahl für diejenigen, die gleichzeitig auf Laktosefreiheit achten müssen, geringer. Die »Angst« vor Hefeteig hindert auch viele daran, etwas selbst zu backen. Ich erlebe immer wieder Menschen, die mir sagen, dass sie zwar Torten backen, sich aber »an Brot nicht herantrauen«. Ich finde, dass Hefeteig, insbesondere für Brot, viel einfacher zu verarbeiten ist als eine Torte zu kreieren. Bei solchen Gesprächen kam ich auf die Idee, dieses Buch zu schreiben, für das ich etwa ein Jahr lang Rezepte ausprobiert habe. Dabei habe ich nicht alle Mehlsorten verwendet, denn sie sind in den Rezepten austauschbar, unterscheiden sich aber im Geschmack.
Erst in der Weihnachtszeit, in der ich eigentlich genauso wenig Süßigkeiten esse wie das ganze Jahr, kam ich auf die Idee, dass viele »normale« Süßigkeiten ebenfalls gluten- und/oder laktosehaltig sind. So habe ich Zartbitterschokolade gekauft und für Weihnachten vorgesorgt. Glücklicherweise waren genug Menschen um mich herum, die dazu beigetragen haben, dass nicht alles auf meinen Hüften landete. Zum ersten Mal in meinem Leben habe ich nicht nur Trüffeln hergestellt, ich habe sie auch mit Genuss gegessen.

Vorwort

Bei all meinen »Backversuchen« für dieses Buch fiel mir auf, dass ich in den vielen Jahren auch gelernt habe, wie man beim Backen Geld sparen kann. Dazu finden Sie ein paar Vorschläge im Buch.

Die meisten Rezepte sind für kleine Portionen ausgelegt, damit man, abgesehen vom Kuchen, nichts einfrieren muss. Ich finde, dass manche Kuchensorten nach dem Einfrieren sogar an Aroma gewinnen. Glücklicherweise gilt das auch für Obstkuchen – meinen Favoriten.

Glasuren und Verzierungen habe ich in einem Extrakapitel beschrieben, denn sie sind Geschmackssache und austauschbar. Mir persönlich machen sie Plätzchen und Kuchen oft zu süß. Kombinieren Sie also Plätzchen und Glasuren nach Herzenslust. Wirklich falsch machen kann man dabei nichts.

Weil es sich im Buch grundsätzlich um gluten- und laktosefreies Gebäck handelt, habe ich das nicht immer extra erwähnt. Achten Sie also beim Kauf der Zutaten immer auf die Gluten- und Laktosefreiheit.

Da es zunehmend normal wird, etwas im Internet nachzusehen, bin ich auf die Idee gekommen, einige Arbeitsschritte in unserer Küche, ohne großen technischen Aufwand, zu fotografieren. Den Link zu den Fotos finden Sie auf meiner Internetseite www.nora-kircher.de.

Brot backen

Zum neuen Heime…
Zum neuen Heime wünschen wir,
dass Ihr glücklich und zufrieden seid.
Zu Eurem Einzug haben hier
zwei Gaben wir bereit:
Das Brot, es gehe niemals aus,
und Salz, das würze jeden Schmaus,
solange Ihr hier weilt
und Euer Brot mit guten Freunden teilt.
Solange Ihr habt Salz und Brot
bleibt ferne von Euch alle Not.
Friedrich Rückert (1788–1866)

Spartipps

Getreide selber mahlen

Für diesen Spartipp muss man leider zunächst Geld investieren, was sich langfristig auf jeden Fall lohnt.
- Eine Mühle mit einem Steinmahlwerk ist für den Erhalt der gesunden Bestandteile im Getreide am besten geeignet, muss aber unbedingt glutenfrei eingemahlen werden. Das muss bei der Bestellung, am besten im Reformhaus oder Bioladen, angegeben werden.
- Edelstahlmahlwerke sind preiswerter und lassen sich nach dem Auseinandernehmen mit viel Wasser reinigen. Sie können also eine gebrauchte Mühle kaufen, unter der Bedingung, dass Sie das Mahlwerk zum Reinigen ausbauen können.
- Keramikmahlwerke lassen sich, sofern ausbaubar, ebenfalls mit Wasser reinigen.
- Für kleine Mehlmengen können Sie auch »Omas Kaffeemühle« verwenden. Auch sie lässt sich meistens mit Wasser reinigen. Hier ist nur Ausdauer beim Mahlen gefragt.

Es lohnt sich, bei Vollkornreis und Buchweizen im Bioladen oder Reformhaus zu fragen, wie viel eine größere Menge, beispielsweise 25 kg, kosten würde. Voraussetzung ist nur ein trockener und mäusesicherer Lagerplatz.

Kartoffeln statt Mehl

Ersetzen Sie einen Teil des Mehls durch die preiswerteren Kartoffeln. Die Menge der Verdickungs- und Backtriebmittel ändert sich nicht. Kartoffeln werden wie Mehl gerechnet. Hier gibt es drei Möglichkeiten:

- Rohe, geschälte Kartoffeln mit einer Gemüsereibe zerkleinern oder mit Wasser pürieren und entsprechend das Wasser im Teig reduzieren, denn Kartoffeln sind erstaunlich wasserhaltig. Gleich nach dem Reiben einen Esslöffel Essig zufügen und verrühren, dann werden die Kartoffeln nicht dunkel.
- Gekochte Kartoffeln zerstampfen und zusammen mit den anderen Zutaten zu einem Teig verrühren. Sofern die Kartoffeln mit Salz gekocht wurden, das Salz im Rezept reduzieren.
- Reste von Kartoffelbrei zusammen mit den anderen Zutaten zu einem Teig verrühren. Dabei im Rezept etwas Salz reduzieren, denn Kartoffelbrei ist gesalzen.

Backpapier mehrfach verwenden

Backpapier können Sie mehrfach verwenden, sofern damit glutenfrei gebacken wurde. Es muss einfach nur an der Luft trocknen.

Hefe

Trockenhefe ist zwar praktischer, aber deutlich teurer als Frischhefe, zumal ein Trockenhefepäckchen aus dem Lebensmittelhandel meistens zu wenig Hefe enthält und man daher zwei Päckchen benötigt. Fast alle Rezepte können Sie alternativ mit Frischhefe backen. Ein Päckchen (42 g) reicht für etwa 500–1000 g Mehl, je feiner das Mehl, desto weniger Hefe.

Guarkernmehl

Das Verdickungsmittel Guarkernmehl ist am preiswertesten und gerade zum Backen sehr gut geeignet.

Brot bei Heißluft backen

Sofern Sie die Möglichkeit haben, mit Heißluft zu backen, bedenken Sie, dass das Gebläse weniger Strom kostet als die etwa 20 °C mehr Temperatur, die ohne Heißluft nötig sind.
Also: Heißluft spart Stromkosten. Für Brot ist ideal: Den Backofen auf 180 °C Heißluft vorheizen, den Teig reinstellen und dann auf 160 °C zurückschalten.

Ofen

Vermeiden Sie während des Backens das Öffnen des Backofens. Der Temperaturschalter kann schon etwa zehn Minuten vor Ende der Backzeit ausgeschaltet werden. Nehmen Sie danach das Brot aus der Backform und legen Sie es weitere zehn Minuten in den Backofen auf den Gitterrost, damit die Kruste knusprig wird.

Gleichzeitig Ofenkartoffeln

Ich spare gerne Strom, indem ich gleichzeitig Ofenkartoffeln backe. Das spart Strom für die Herdplatte zum Kochen der Kartoffeln. Richtig gut geht das leider nur mit Heißluft.

Allgemeine Tipps

Abwiegen

Manche Mengen, z. B. Triebmittel, müssen sehr genau abgewogen werden. Daher ist eine Briefwaage zu empfehlen. Diese kann man zusätzlich immer wieder auf »0 Gramm« stellen, was das Abwiegen einfacher macht.

Hefe

Hefe ist nicht so empfindlich, wie ihr nachgesagt wird. Kälte, Zugluft, Erschütterungen – all das macht dem Hefeteig nichts aus. Ich stelle ihn sogar oft zum Aufgehen in den Kühlschrank. Es dauert dann zwar länger, passt aber meistens besser in meinen Zeitplan.

Salz im Rezept

Eine Prise Salz gehört auch in jeden guten Kuchen und etwas mehr ins Brot. Salz erhöht das Aroma aller Lebensmittel, auch ohne dass es selbst durchschmeckt.

Essig

Er reduziert den Hefegeschmack im Brot. Geriebene Kartoffeln für den Teig werden durch das Zufügen von etwas Essig nicht dunkel. Ich bevorzuge den guten dunklen Balsamico.

Klebriger Teig

Da glutenfreie Mehle ein Verdickungsmittel benötigen und diese klebrig sind, bleibt ein in der Konsistenz richtiger Teig an den Händen kleben. Macht man den Teig so fest, dass er nicht klebt, entspricht das Backergebnis eher einem Backstein als einem lockeren Brot. Die Zugabe von Mehl hilft da leider auch nicht weiter, denn es enthält das Verdickungsmittel. Das sollte es auch, denn ohne wird das Brot krümelig. Ich habe die Erfahrung gemacht, dass sich der Teig, wenn es schon sein muss, am besten mit nassen Händen anfassen lässt. Bei fetthaltigem Teig kann man statt Leitungswasser für die Hände am besten Speiseöl verwenden.

Hefeteig zubereiten

Viele haben völlig unbegründete »Angst« vor Hefeteig, meist geschürt durch allerlei Geschichten. Hefeteig ist weder empfindlich noch schwierig.

Allgemeine Tipps

Ganz unkompliziert ist es mit Trockenhefe: Alle trockenen Zutaten vermischen, die Flüssigkeiten – damit ist auch das Ei gemeint – zufügen und mit dem Knethaken des Mixers oder der Küchenmaschine verrühren. Flüssiges Fett erst danach hinzufügen. Bei Brotteig kommen weder Fett noch Ei dazu, was die Herstellung noch einfacher macht.

Die Frischhefe in die Flüssigkeit bröseln und rühren, bis sie sich aufgelöst hat. Die trockenen Zutaten vermischen, dann die aufgelöste Frischhefe dem Mehl zugeben und mit dem Knethaken des Mixers oder der Küchenmaschine kneten. Flüssiges Fett erst danach hinzufügen. Eigentlich soll Frischhefe vor dem Verrühren mit dem Mehl im sogenannten »Vorteig« schon mal aufgehen. Ich mache das nicht und meine Brote sind trotzdem wunderbar.

Den Teig lasse ich zum Aufgehen meistens mehrere Stunden in der Küche stehen. Dabei lege ich eine Küchenfolie auf die Schüssel. Diese halte ich einmal kurz unter den Wasserhahn, denn dann klebt sie besser und der Teig trocknet nicht aus.

Geht der Teig zu schnell auf oder soll er erst nach vielen Stunden verbacken werden, stelle ich den Teig in den Kühlschrank, ansonsten kann er einfach in der Küche stehend aufgehen.

Für Trocken- und für Frischhefe gilt: Je feiner das Mehl ist, desto weniger Hefe ist notwendig.

Backpulverteig herstellen

Sofern Eier mit im Teig sind, verquirle ich diese zuerst in einer Extraschüssel, die ich beiseite stelle. Dann vermische ich zunächst alle trockenen Zutaten, nicht aber das Backpulver, gebe danach die Flüssigkeit mit den Eiern dazu und rühre mit den Rührhaken einen Teig daraus. Diesen schmecke ich ab. Ist er süß genug, streue ich das Backpulver darüber und rühre erneut sorgfältig um.

Aufgehzeiten

Für die Arbeitseinteilung ist es manchmal sinnvoll, den Teig schon morgens vor der Arbeit oder mittags herzustellen, um ihn erst abends zu backen. Bis zu 24 Stunden vorher habe ich das schon gemacht. Die Brotqualität wird dadurch sogar besser. Reduzieren Sie dafür die Hefe und stellen Sie den Teig bei einer Aufgehzeit von mehr als vier Stunden in den Kühlschrank oder an einen kühlen Ort. Diese Methode sah ich bei einer Familie in der Türkei. Es gab dort einen Teigvorrat für Fladen im Kühlschrank und man konnte jederzeit in einer fettfreien Pfanne ein paar frische, lecker duftende Fladen backen. Leider glutenhaltig. Einer der wenigen Momente, bei denen ich mich ganz kurz selbst bedauert habe. Zu Hause habe ich es glutenfrei nachgemacht, es duftete und schmeckte köstlich.

Freigeschobenes Brot

Freigeschoben heißt ohne Backform gebacken. Bei den meisten Rezepten ist das schlecht möglich, weil das Brot zu flach wird. Mit selbstgemahlenen Mehlen geht es gar nicht. Ich habe es schon mehrfach mit Fertigmehlen ausprobiert und fand es lecker, aber das Gebäck war eben flacher. Das gilt natürlich auch für Brötchen. Diese werden höher, wenn man sie in einer Muffinform bäckt.

Backformen

Sie benötigen ein Backblech, einen Gitterrost und eine mittlere Kastenform, die keine Beschichtung haben muss. Teflonbackformen sollten eingefettet werden, was ich allerdings nicht mag, denn die Brotkruste wird nicht so schön. Brot sollte von außen nicht fettig sein. In modernen Silikonbackformen ist kein Backpapier nötig. Allerdings habe ich damit keine Erfahrung. Ich verwende am liebsten ganz einfache Blechkastenformen mit Backpapier.
Das Blech benötigt man für Kuchen und für freigeschobenes Brot. Der Gitterrost ist gut, um die Kastenform daraufzustellen und das Brot ohne Kastenform zu Ende zu backen, was die Kruste leckerer macht.
Kleine Kuchen backe ich gerne in zuvor eingefetteten Müslischalen und Brötchen in Muffinförmchen.

Backform verkleinern

Einige meiner Rezepte sind für kleinere Brote gedacht. Natürlich gibt es dafür auch kleine und sogar verstellbare Backformen. Man muss sie aber nicht haben. Die Kastenbackformen lassen sich ganz leicht z. B. mit einer Tasse verkleinern. Der Teig wird zunächst auf das Backpapier gelegt und dann zusammen mit dem Papier in der Backform deponiert. Jetzt wird die Kastenform mit einer eingelegten, liegenden Tasse oder einem Becher verkleinert und der Teig im verbleibenden Teil verteilt. Die Tasse befindet sich nun außerhalb des Backpapiers. Dabei darf die Backform in der Höhe zu drei Viertel gefüllt sein. Den Teig verteilt man am besten mit nassen Händen oder einem nassen Teigschaber.

Allgemeine Tipps

Backpapier

Backpapier gibt es in vielen Varianten, wobei alle gleich gut sind. Bereits zugeschnittene haben allerdings den Nachteil, dass die Größe selten stimmt.
Gerade nach dem Brotbacken ist das Papier noch in so gutem Zustand, dass Sie es mehrfach verwenden können.
Kuchen backe ich am liebsten ohne Backpapier. Das Einfetten der Form, z. B. mit Speiseöl, reicht aus.

Backtemperatur

Durch Heißluft spart man etwas Strom. 160 °C mit Heißluft entspechen etwa 180 °C ohne Heißluft bei Ober- und Unterhitze. Heißluft trocknet etwas aus, was die Kruste besser macht. Möchte man allerdings eine weiche Kruste, muss eine Schale Wasser mit in den Backofen gestellt werden. Glutenfreies Brot hat aber ohnehin eine weichere Kruste als glutenhaltiges Brot.

Backzeit

Meine Rezepte sind – sofern nicht anders angegeben – mit Heißluft gebacken. Wenn Sie nicht diese Möglichkeit haben, rechnen Sie bei jeder Backtemperatur etwa 20 °C dazu.
Backöfen können sich in der Temperatur geringfügig unterscheiden, machen Sie also Ihre eigene Erfahrung. Ein Gartest – bei Brot klopfen und bei Kuchen der Nadel- oder Stäbchentest – trägt dazu bei, dass alles gelingt. Es kommt meistens weder auf die genaue Temperatur noch auf die genaue Zeit an.

Brotbackautomat

Brotbackautomaten sind eine große Arbeitserleichterung, dabei muss es kein teurer Automat sein, in dem Vollkornbrot gebacken werden kann. »Normales« Vollkorngetreide wird als Teig sehr fest, glutenfreier Teig nicht, auch wenn er aus Vollkornreismehl besteht. Der einfachste Backautomat ist also völlig ausreichend. Wir hatten in den letzten fast 25 Jahren viele verschiedene. Je einfacher er war, desto besser fanden wir ihn. Bei allen war es für das gute Backergebnis entscheidend, dass man einmal manuell umrührte. Gehen Sie also mit einem Teigschaber, der einen Stiel hat, in die Ecken der Rühr- und Backform. Dafür einfach den Automat öffnen, auch wenn es in der Gebrauchsanweisung anders steht – es passiert nichts dabei.

Sofern der Automat eine Zeitauswahl hat, wählen Sie immer die längste, manchmal auch als »Vollkorn« bezeichnet. Leider backen nach meiner Erfahrung alle Backautomaten etwas zu kurz.

Das Brot bald nach dem Fertigbacken herausnehmen, damit es eine leckere Kruste bekommt. Erst wenn es erkaltet ist, in einen Brotkasten legen.

Das Brot schmeckt besser, wenn es kurz getoastet wird, und muss innerhalb von drei Tagen gegessen werden, denn je nach Jahreszeit ist es am vierten Tag muffig und am fünften schimmelig. Brot aus dem Kühlschrank verliert an Geschmack. Wenn ich Brot für unterwegs benötige, backe ich es im Backofen. Es schmeckt besser und hält länger.

Machen Sie also Ihre eigenen Backversuche und vergessen Sie nicht, diese auch zu notieren, damit Sie zu einem späteren Zeitpunkt darauf zurückgreifen können. Vor allem beim Backautomaten muss man sich genau an die Mengen halten und ist dankbar, wenn man nicht bei jedem Neuversuch wieder genau aufpassen muss. Ein Überlaufen passiert leicht und verursacht viel Arbeit.

Schöne Brotkruste

Die beste Kruste erreicht man, wenn das Brot freigeschoben, also ohne Backform gebacken wurde. Alternativ nach drei Viertel der Backzeit aus der Backform nehmen und auf einen Gitterrost zum Weiterbacken legen. Es reicht auch, wenn Sie das Brot gleich nach dem Ende der Backzeit aus der Form nehmen und noch weitere zehn Minuten im Ofen belassen.

Ein gut durchgebackenes Brot mit einer festen Kruste hält auch länger.

Gartest für Brot

Brot ist durchgebacken, wenn es – von unten beklopft – hohl klingt. Der Bräunungsgrad ist nicht immer maßgeblich, denn jede Mehlzusammensetzung ergibt gebacken einen anderen Braunton. Verständlich ist, dass Vollkornreis nur hell aussieht, Mais eher gelb und Buchweizen dunkler ist.

Grundsätzlich ist meine Erfahrung, dass ein eher dunkel gebackenes Brot, egal aus welchem Mehl, länger haltbar ist.

Allgemeine Tipps

Brot missraten

Leider passiert es immer mal wieder, dass ein Brot nicht gelingt, vor allem wenn man experimentierfreudig ist. Hier ein paar Fehler und deren mögliche Ursachen:

Brot rundum krümelig	Verdickungsmittel zu wenig oder fehlt
Brot viel zu fest	zu wenig Hefe, Teig zu fest
Brot klebt	zu viel Flüssigkeit im Teig
Brot hat guten Rand und krümelt innen	zu viel Hefe oder zu viel Flüssigkeit
Brot ist eingefallen	zu viel Hefe
Brot schmeckt mehlig	Backtemperatur zu niedrig
Übergelaufen	zu viel Hefe
Im Backautomat übergelaufen und klebrig	zu viel Hefe, im Backofen weiterbacken
Brot nicht aufgegangen	Hefe vergessen

Haltbarkeit

Da Brot aus selbstgemahlenem Mehl keine Konservierungsstoffe enthält, hat es meistens am vierten oder fünften Tag Schimmelstellen oder Stellen, die danach riechen, und darf auf keinen Fall mehr gegessen werden. Es reicht auch nicht, die Stellen einfach zu entfernen. Brotschimmel ist sehr ungesund.

Toaster

Eigentlich schmeckt jedes Brot kurz getoastet etwas frischer. Allerdings werden meine Brote nicht braun, auch nicht das Toastbrot, da sie alle keinen Zucker enthalten.
Es gibt schwarze Spezial-Kunststoffbeutel (Toasttaschen) für den Toaster. In ihnen wird das glutenfreie Brot getoastet, ohne dass es mit »normalen« Brotkrümeln kontaminiert wird. Das ist praktisch für unterwegs. Für den Alltag ist es einfacher, eine Toasterhälfte als »nur für glutenfrei« zu bestimmen.

Brot backen

Brotmesser und Schneidebrett

Brotmesser und Schneidebrett müssen frei von glutenhaltigem Brot sein. Das gilt natürlich auch für die Brotschneidemaschine. Erfahrungemäß lässt sich glutenfreies Brot mit etwas Übung ohnehin besser manuell schneiden.

Brot aufbewahren

Der gute alter Brotkasten, in dem ein paar Lüftungslöscher sind, ist immer noch der beste Platz. Keramik mit nur einem kleinen Loch in der Mitte des Deckels eignet sich nicht, genauso wenig wie Plastikdosen, die keine Löcher enthalten.
Das Brot darf auf keinen Fall warm sein, denn es verdampft dann noch Wasser, was der Kruste nicht guttut.
Für eine kurze Zeit oder den Transport das Brot in zwei bis drei Schichten Brotpapier wickeln und dann erst in ein Plastikbehältnis, also Dose oder Tüte, legen.

Brot einfrieren

Im Gegensatz zu manchen Kuchen wird Brot nicht besser durch einfrieren. Dabei das Brot nicht in Scheiben schneiden, denn dadurch wird es trocken. Das Brot am besten in einen Gefrierbeutel packen und diesen gut verschließen. Zum Auftauen das Brot in den Kühlschrank legen. Je langsamer es auftaut, desto besser für den Geschmack, was übrigens nicht nur für Brot gilt.

Mehle und Backzutaten für Brot

Geeignete Mehle

Bei den gemahlenen glutenfreien Mehlen wie Vollkornreismehl und Maismehl, auch Polenta genannt, müssen Sie darauf achten, dass »glutenfrei« auf der Verpackung steht. Steht es nicht darauf, kann in der Mühle vorher ein glutenhaltiges Getreide gewesen sein.
Wenn ich in den Rezepten Vollkornreis- oder Buchweizenmehl angebe, meine ich damit, dass es **mit der eigenen Mühle gemahlen** wurde. Es gibt im Bio-

Mehle und Backzutaten für Brot

laden und im Reformhaus jedoch ein relativ feines Mehl aus Reis. Das verwende ich ebenfalls gerne, denn so fein mahlt meine Getreidemühle nicht.
Auf jeden Fall ist es am gesündesten, wenn Sie Ihr Mehl selbst mahlen. Dabei sollte das Mahlwerk der Mühle nicht auf »fein« gestellt werden. Hier ein Beispiel: Unsere Mühle hat die Skala 1 (für fein) bis 10 (für grob) und wir mahlen Brotmehl zwischen 3 und 4. Kuchenmehl mahle ich auf 1.

- **Amaranth** lässt sich nur schwer ganz fein mahlen, ist aber als geringer Anteil im Mehl lecker und gesund.
- **Braunhirse** wird vielfach gepriesen, aber es gibt auch Warnhinweise. Sie wird gemahlen als kleiner Anteil im Brotteig angewendet und kann auch roh gegessen werden. Ich habe keine Erfahrung damit gemacht. Jedenfalls ist sie für Menschen mit einem empfindlichem Magen oder Darm nicht zu empfehlen.
- **Buchweizen** ist Geschmacksache, wobei ich ihn sehr gerne esse. Ich glaube, dass er unterschätzt wird. Brot aus einer Mischung von Vollkornreis- und Buchweizenmehl schmeckt sehr gut und ist gesund. Eine kleine Buchweizenmenge zu Fertigmehl lässt sich sogar mit »Omas Kaffeemühle« herstellen. Buchweizenmehl macht Brote und ihre Kruste dunkler (s. S. 30).
- **Fertigmehle** gibt es inzwischen in großer Auswahl. Ich habe sehr viele davon getestet, nicht alle haben mir gut geschmeckt. Probieren Sie es einfach selbst aus. In den nachfolgenden Rezepten habe ich einige genannt, die ich aber auch schon ausgetauscht habe. Machen Sie es genauso und entscheiden Sie selbst, welche sie mögen. Ich nenne sie hier »Fertigmehle«, denn sie enthalten schon die Verdickungsmittel und teilweise auch Konservierungsmittel.
- **Hafer** ist nach neueren Erkenntnissen ebenfalls glutenfrei. Ich weiß aber von einigen »Zölis«, dass sie ihn trotzdem nicht vertragen, und schlage vor, dass Sie zunächst die Beigabe kleiner Mengen ausprobieren. Ein kleiner Anteil Flocken im Brot schmeckt sehr gut.
- **Hirse** wird durch den Fettgehalt leicht ranzig. Gegebenenfalls die Hirse mit warmem Wasser waschen und zum Trocknen für ein paar Stunden auf einem Handtuch verteilen. Erst dann mahlen. Ein geringer Anteil im Brot schmeckt gut.
- **Kastanien**, als feines Mehl esslöffelweise im Teig, geben vor allem Kuchen einen guten Geschmack.
- **Kichererbsen** als Mehl in kleiner Menge sind schmackhaft, aber noch leckerer als Falafel gebacken. Hierfür die ganzen Kichererbsen einweichen, pürieren, mit Zwiebeln und Kreuzkümmel würzen, mit etwas Vollkornreismehl zu einem Teig verrühren, zu Kugeln formen und in Fett backen.

Brot backen

- **Mais** in zu großer Menge empfinde ich als »schwer verdaulich«. Nur gute Getreidemühlen sind in der Lage, Mais zu mahlen. Beim Kauf bitte darauf achten, dass Sie nicht den noch festeren Popcornmais erwerben.
- **Maisstärke** hat, wie auch Vollkornreisstärke, nicht allzu viel Nährwert, macht aber Brot feiner und lockerer, sofern der Anteil nicht zu hoch ist. Nur gute Getreidemühlen können Maiskörner zu feiner Stärke vermahlen.
- **Quinoa** schmeckt nussig-lecker, ein kleiner Anteil reicht für einen guten Geschmack. Ein reines Quinoabrot gelingt in der Regel nicht.
- **Reis** und Reisstärke, die am meisten verwendeten Mehlbestandteile, sind geschmacksneutral und schmecken beinahe jedem. Mit Verdickungsmittel hat Reis eine gute Backeigenschaft und schmeckt lecker auch ohne weitere Zutaten. Vorzugsweise sollte Vollkornreis verwendet werden, vor allem weil die meisten Getreidemühlen anderen Reis nicht mahlen können. Er ist gesund und für die glutenfreie Küche unentbehrlich. Im Reform- und Naturkosthandel wird ein feines Vollkornreismehl angeboten, das ich gerne für feine Backwaren verwende.
- **Reisstärke** gibt es »solo« nicht zu kaufen, ist aber in vielen Backmischungen enthalten.
- **Soja** gibt es auch als Mehl, schmeckt aber nicht sonderlich gut im Brot. Vor allem die etwas kleineren Mungobohnen (auch Mungbohnen) lassen sich in der Getreidemühle gut vermahlen.
- **Sorghum**, auch Mohrenhirse oder Milomehl (Sorghum bicolor), ist eine Hirseart aus den trockenen Gebieten Afrikas, die es hier leider selten zu kaufen gibt. Sorghum schmeckt als Anteil im Brot sehr lecker. In den Anbauländern wird Sorghum vor allem als Viehfutter verwendet.
- **Tapiokamehl/-stärke** wird aus der Maniokwurzel hergestellt und in Nordamerika sehr häufig glutenfreien Backwaren zugefügt. Es hat selbst auch gute Klebeeigenschaften, sodass nicht viel Verdickungsmittel nötig ist. Es ist preiswert und im Asialaden zu bekommen. Allerdings wird keine Glutenfreiheit garantiert.
- **Teff** kommt ursprünglich aus Äthiopien, wird aber neuerdings auch in Deutschland und den Niederlanden angebaut. Teff gehört zur Hirsefamilie und schmeckt nussig. Gemahlen als Anteil im Brot ist es sehr gut geeignet.

Achtung: Glutenhaltig sind Dinkel, Einkorn, Emmer, Gerste, Kamut, Roggen und Weizen.
Achten Sie bei dem Wort »Stärke« auf der Verpackung zusätzlich auf die Angabe »glutenfrei«. Es gibt auch »glutenfreie« Weizenstärke, die aber nicht von jedem vertragen wird.

Mehle und Backzutaten für Brot

Ergänzungen zum Mehl

Ein Teil des Mehls wird ersetzt durch nachfolgende Gemüse. Die Gemüsemenge darf bis über ein Drittel des Teigs ausmachen. Es wird für die Backtrieb- und Verdickungsmittelmenge wie Mehl gerechnet. Kartoffeln haben eine eigene Stärke, hier kann die Verdickungsmittelmenge geringer sein als bei den anderen. Alle rohen Gemüsearten (auch die Kartoffeln) werden geschält und gerieben oder in Würfel geschnitten und mit Wasser püriert.

- **Kartoffeln** sind der Klassiker als Zugabe und machen Brote lockerer und schmackhafter.
- **Süßkartoffeln** geben schon in geringer Menge einen süßen Geschmack ab.
- **Karotten** machen Brot gelb und besonders lecker. Da Karotten keine Stärke enthalten, mit dem Guarkernmehl nicht zu sparsam umgehen.
- **Kastanien** in geringer Menge schmecken wunderbar im Kuchen oder Brot. Ist der Anteil zu hoch, werden sie zu schwer. Am besten eignen sich vorgegarte oder jene, die man nach dem Kochen oder Rösten »übrig« hat. Sie werden ein bisschen zerdrückt und in den Teig eingerührt. Die kleine Menge muss man bei der Menge des Verdickungs- oder Backmittels auch nicht anrechnen.
- **Rote Bete** (Randen) machen das Brot rot und etwas süßlich. Eine geringe Menge reicht schon aus. Dabei die rohe Knolle sehr klein raspeln.
- **Pastinaken** sind sehr geschmacksintensiv, deshalb ist eine kleine Menge ausreichend.

Verdickungsmittel

Ohne Verdickungsmittel krümeln alle glutenfreien Brote und jedes Gebäck. In den Fertigmehlmischungen ist ein Verdickungsmittel enthalten.
Selbstgemahlenes Mehl aus Vollkornreis, Buchweizen, Quinoa oder Amaranth, feines Fertig-Vollkornreismehl, feine Polenta oder Buchweizenmehl enthalten kein Verdickungsmittel. Ebenso Kartoffel- und Maisstärke. Zugefügt werden können diverse Verdickungsmittel, wobei sich der prozentuale Anteil etwas unterscheidet, denn die Klebeeigenschaften sind unterschiedlich.
Als Verdickungsmittel eignen sich:

- **Guarkernmehl** ist fast geschmacksneutral **(1 %, also 1 g auf 100 g Mehl)**. Guarkernmehl wird fast allen Backmischungen zugegeben, weil es preiswert ist und gute Backeigenschaften hat. Leider gibt es viele Allergiker, die es nicht vertragen.

Brot backen

- **Johannisbrotkernmehl** ist fast geschmacksneutral und verdickt auch kalt **(1 %)**. Der Preis ist etwas höher, ich würde es nur verwenden, wenn Guarkernmehl nicht vertragen wird.
- **Pfeilwurzelmehl** (Arrowroot) ist geschmacksneutral **(3 %)**. Ich verwende es selten zum Backen, eher zum Eindicken beim Kochen.
- **Kuzu** (Kouzou) ist krümelig, teuer und schwer zu bekommen **(3 %)**.
- **Apfelpektin** schmeckt säuerlich und enthält gesunde Ballaststoffe **(2 %)**.
- **Gelatine** würde ich nur als Notlösung verwenden, wenn die anderen Verdickungsmittel nicht vertragen werden **(3 %)**.

Bei Buchweizenmehl nimmt man etwas weniger, da es selbst einen hohen Kleberanteil hat.

Ebenfalls klebende Eigenschaften haben: Kartoffelstärke, Maisstärke und Tapiokamehl. Ist der Anteil in einer Mehlmischung sehr hoch, muss das Verdickungsmittel etwas reduziert werden.

Backtriebmittel

Die gängigsten Backtriebmittel sind Hefe und Backpulver. Hefe gibt es frisch und als Trockenhefe. Frische Hefe hat einen stärkeren Hefegeschmack und nur eine begrenzte Haltbarkeit, was das Bevorraten für den Alltag schwierig macht. Trockenhefe bevorzuge ich, weil sie viele Monate hält und ich mit ihr jederzeit ein Brot backen kann. Da ich oft nur kleine Brote backe, habe ich immer ein paar Tüten umgefüllt in einem Glas bevorratet. So kann ich jede gewünschte Menge entnehmen.

Die genaue Menge der Backtriebmittel richtet sich nach dem Feinheitsgrad des Mehls. Je feiner das Mehl, desto weniger ist notwendig.

Bei Backpulver muss auf Glutenfreiheit geachtet werden, denn es gibt Backpulver mit Weizenstärke. Die nachfolgenden Mengen sind nur Richtwerte und können je nach Mehl und Teig variieren.

- 3,0 g Trockenhefe auf 100 g feines Mehl
- 4,0 g Trockenhefe auf 100 g grob gemahlenes Mehl
- 6,0 g Frischhefe auf 100 g feines Mehl
- 10,0 g Frischhefe auf 100 g grobes Mehl
- 3,5 g Backpulver auf 100 g feines Mehl

Gewürze im Brot

Diverse **Brotgewürze** gibt es als Fertigmischung. Sie enthalten meistens **Fenchel, Kümmel** und **Koriander** und manche auch **Anis**. Es gibt fein und grob gemahlene Mischungen. Diese kann man sich aber auch gut selbst zusammenstellen. Je frischer die Gewürze gemahlen werden, desto aromatischer sind sie. Gegebenenfalls zusammen mit dem Mehl in der Getreidemühle oder getrennt in einer Kaffeemühle mahlen oder im Mörser zerreiben.

- **Bockshornklee** schmeckt sehr würzig, ist auch bekannt als Currybestandteil und wird gerne in Süddeutschland als Brotgewürz verwendet. Die Samen werden dafür gemahlen. Einige Käsesorten werden mit ganzen Körnern gewürzt.
- **Getrocknete Tomaten** ganz klein schneiden und gleich bei der Teigherstellung mit einrühren. Evtl. mit Knoblauch kombinieren.
- **Ingwer** gibt es in beinahe jedem Lebensmittelladen in der Gemüseabteilung. Im Kühlschrank hält eine Ingwerwurzel mehrere Wochen. Die Wurzel wird einfach nur geschält und in kleine Stücke geschnitten. Man kann auch die geschälten und grob geschnittenen Ingwerstücke in einer Knoblauchpresse zerdrücken. Wenn man keine Stückchen im Gebackenen haben möchte, gepressten Ingwer mit etwas kochendem Wasser aufgießen und dieses Konzentrat verwenden. Eventuell dafür die entsprechende Flüssigkeitsmenge des Rezepts reduzieren. Sogar ein zweiter Aufguss hat noch Geschmack.
- **Knoblauch** in geringer Menge, kurz vor dem Backen in den Teig eingerührt, verleiht dem Brot mediterrane Würze.
- **Kürbiskerne** sind immer eine Delikatesse. Nicht vergessen, den Teig vor dem Backen zusätzlich mit Kürbiskernen zu bestreuen.
- **Oliven** unbedingt von den Steinen befreien und ganz oder besser kleingehackt in den Teig einrühren.
- **Schabzigerklee** ist getrocknetes Kraut, schmeckt etwas milder als Bockshornklee und gehört in das Südtiroler Vinschgauer Fladenbrot, das im Original allerdings aus glutenhaltigem Roggenmehl gebacken wird.
- **Schwarzkümmel**, fein gemahlen, würzt Brot sehr stark. Auf Fladenbrot schmecken ein paar Schwarzkümmelkörner lecker.
- **Sesam** schmeckt noch intensiver, wenn man ihn vorher in der Pfanne ohne Fett leicht geröstet hat.
- **Sonnenblumenkerne** machen Brot schwer. Etwas mehr Trockenhefe ist sinnvoll. Auch Sonnenblumenkerne sind schmackhafter, wenn man sie vorher röstet.
- **Zwiebeln**, roh und klein gewürfelt, schmecken erstaunlich gut im Brot.

Kruste

Eine optisch schöne dunkle Kruste gelingt nur, wenn der Buchweizenanteil im Mehl hoch ist, oder bei einem reinen Buchweizenbrot. Ich habe allerlei Versuche unternommen, vor allem mit Zuckerwasser auf dem fast fertigen Brot. Es half nichts: Je heller das Mehl, desto heller die Kruste.

Innen sind die meisten glutenfreien Brote ebenfalls heller als vergleichsweise gesunde »normale« Brote. Auch hier gilt: Buchweizen macht das Brot dunkler. An helles Brot gewöhnt man sich aber schnell, denn die Farbe bestimmt nicht den Geschmack. Gluten- und laktosefreies Brot können ganz wunderbar schmecken.

Zucker

Die Behauptung, dass Zucker im Hefeteig nötig sei, damit die Hefe aufgeht, ist falsch. Natürlich geht ein Hefeteig mit Zucker schneller und stärker auf, was ihn aber trotzdem nicht nötig macht. Brot ohne Zucker wird deshalb beim Toasten nicht so schnell braun. Ich finde auch, dass ein zuckerfreies Brot besser schmeckt.

Rezepte für Brot

Brot, in der Kastenform gebacken

Ich habe nicht alle Fertigmehle ausprobiert. Versuche, das Mehl auszutauschen, sind aber immer gelungen. Der Geschmack kann sehr unterschiedlich sein und ist eben »Geschmackssache«. Probieren Sie also meine Rezepte mit Ihrem Lieblingsmehl, wobei die Wassermenge geringfügig anders sein kann, denn die Guarkernmehlmenge bestimmt den Bedarf an Feuchtigkeit und unterscheidet sich bei den Fertigmehlen.
Mir war es beim Probebacken wichtig, dass auch kleine Brote dabei sind. Wenn ich keine Rezepte für ein neues Buch ausprobiere und notiere, wiege ich nichts ab. Ich habe in den vielen Jahren gelernt, nach »Augenmaß« zu backen, was auch immer gelingt, sofern ich nicht den Backautomaten benutze. Wenn Sie einige Brote gebacken haben, wird Ihnen das auch gelingen. Geben Sie eventuell zuerst etwas weniger Flüssigkeit dazu und gießen Sie nach, bis der Teig die richtige Konsistenz hat.
Sie werden feststellen, dass Brotbacken sehr viel einfacher ist, als viele glauben.

Für alle Rezepte gilt, dass der Teig erst auf das Backpapier kommt und dann mitsamt dem Backpapier in die Kastenform. Verkleinert wird die Backform gegebenenfalls mit einer außerhalb des Backpapiers eingelegten Tasse. Nach dem Glattstreichen mit einem nassen Teigschaber in den vorgewärmten Ofen schieben.

Rustikalbrot

150 g Kartoffeln, roh
250 ml Wasser
1 EL Essig
½ TL Salz
400 g Mehlmix Rustikal, Hammermühle
2 gehäufte EL Trockenhefe

Die geschälten Kartoffeln im Wasser pürieren, Essig und Salz zufügen. Das Mehl und die Trockenhefe zufügen und mit den Knethaken zu einem Teig verarbeiten. Diesen nach etwa 3 Stunden in eine Kastenform füllen und im vorgeheizten Ofen bei 180 °C Heißluft 50 Minuten backen, den Ofen ausschalten und das Brot weitere 30 Minuten ohne Kasten im Ofen nachbacken lassen.

Kartoffelbrot, dunkel

150 g Kartoffeln (2 mittlere), roh
300 ml Wasser
300 g Schär Brot-Mix dunkel
½ TL Salz
1 El Trockenhefe

Die geschälten Kartoffeln im Wasser pürieren, Mehl, Salz und Trockenhefe mit den Knethaken zu einem Teig verarbeiten. Einige Stunden aufgehen lassen und in einer kleinen Kastenform (25 cm oder kleiner) zunächst bei 180 °C und dann bei 160 °C 40 Minuten backen.

Kartoffelbrot, hell

250 g Kartoffeln, roh
250 ml Wasser
1 EL Essig
½ TL Salz
400 g Schär Mehlmix B
20 g Trockenhefe

Die geschälten Kartoffeln reiben, Essig, Wasser und Salz unterrühren. Das Mehl und die Trockenhefe hinzufügen und mit dem Knethaken zu einem Teig verarbeiten. Diesen dann einige Stunden aufgehen lassen, in eine Kastenform (30 cm) füllen und bei 180 °C 60 Minuten backen.

Kartoffelbrot, halbweiß

150 g Kartoffeln, roh
100 ml Wasser
100 g Schär Brot-Mix dunkel
150 g Schär Mehlmix B
15 g Trockenhefe
3 g Salz

Die geschälten Kartoffeln reiben, das Wasser hinzufügen und mit Mehl und Salz zu einem Teig verarbeiten. Nach einer Ruhezeit von mehreren Stunden in einer kleinen Kastenform (25 cm) bei 180 °C etwa 50 Minuten backen.

Kartoffel-Karottenbrot

100 g Karotten, roh
150 g Kartoffeln, roh
150 ml Wasser
1 EL Essig
½ TL Salz
250 g Schär Mehlmix B
7 g Guarkernmehl
20 g Trockenhefe

Die geschälten und gewürfelten Kartoffeln und Karotten im Wasser pürieren und mit den restlichen Zutaten zu einem Teig verarbeiten. Diesen etwa 3 Stunden aufgehen lassen, in einer kleinen Kastenform bei zunächst 180 °C im vorgeheizten Backofen 30 Minuten backen, dann die Temperatur auf 160 °C reduzieren und weitere 15 Minuten backen.

Rezepte für Brot

Kleines Ingwerbrot

20 g Ingwer
100 g Kartoffeln, roh
100 ml Wasser
200 g Schär Mehlmix B
¼ TL Salz
10 g Trockenhefe

Die geschälten und gewürfelten Kartoffeln und ein geschältes Ingwerstück im Wasser pürieren und mit den restlichen Zutaten zu einem Teig verarbeiten. Diesen etwa 1 Stunde aufgehen lassen und in einer halben kleinen Kastenform im vorgeheizten Backofen etwa 45 Minuten bei 160 °C backen.

Kleines Kartoffelbrot mit Sesam

100 g Kartoffeln, roh
100 ml Wasser
200 g Schär Mehlmix B
¼ TL Salz
10 g Trockenhefe
2 EL Sesam

Die geschälten Kartoffeln reiben, das Wasser hinzufügen und mit den restlichen Zutaten zu einem Teig verarbeiten. Nach einer Ruhezeit von 1 Stunde in einer halben kleinen Kastenform in dem auf 160 °C vorgeheizten Backofen etwa 45 Minuten backen.

Reis-Mehlmix-Brot

200 g Vollkornreismehl, selbst gemahlen
300 g Schär Mehlmix B
4 g Guarkernmehl
1 TL Salz
20 g Trockenhefe
400 ml Wasser

Aus dem Reismehl und den restlichen Zutaten einen Teig kneten, etwa 3 Stunden aufgehen lassen und ohne Vorheizen in der Kastenform ungefähr 60 Minuten bei 180°C Heißluft backen.

Buchweizenbrot

> 500 g Buchweizenmehl
> 20 g Trockenhefe
> 1 TL Salz
> 5 g Guarkernmehl
> 450 ml Wasser

Den Buchweizen fein mahlen und zusammen mit den restlichen Zutaten zu einem Teig kneten, etwa 8 Stunden aufgehen lassen und in einer Kastenform in dem auf 160°C (Heißluft) vorgeheizten Backofen etwa 60 Minuten backen.

Lauchzwiebelbrot

> 250 g Schär Mehlmix B
> 2 g Salz
> 10 g Trockenhefe
> 1 EL Essig
> 200 ml Wasser
> 1 Lauchzwiebel

Mehl, Salz und Hefe mischen, das Wasser zufügen und zu einem Teig verarbeiten. Erst zum Schluss die fein geschnittene Lauchzwiebel hinzufügen. Nach einer Ruhezeit von 2 bis 3 Stunden in einer halben kleinen Kastenform in dem auf 180°C vorgeheizten Backofen etwa 45 Minuten backen.
Alternativ eine kleine Zwiebel oder Knoblauch verwenden.

Rezepte für Brot

Einfaches kleines Brot

[handschriftlich: ziemlich krümmelig, Geschmack = ok.]

>250 g Schär Mehlmix B
>2 g Salz
>1 EL Essig
>10 g Trockenhefe
>200 ml Wasser

Mehl, Salz und Hefe mischen, Wasser und Essig zufügen und zu einem Teig verarbeiten. Nach einer Ruhezeit von 2 bis 3 Stunden in einer halben kleinen Kastenform bei 180 °C ohne Vorheizen etwa 45 Minuten backen.

Kürbisbrot

>½ Bechertasse Kürbisstücke, roh
>100 g Kartoffeln, roh
>100 ml Wasser
>200 g Schär Mehlmix B
>¼ TL Salz
>10 g Trockenhefe

Die geschälten Kartoffeln und den Kürbis klein schneiden, mit dem Wasser pürieren und mit den restlichen Zutaten zu einem Teig verarbeiten. In eine halbe kleine Kastenform füllen und nach einer Ruhezeit von einer Stunde in dem auf 160 °C vorgeheizten Backofen gut 45 Minuten backen.

Buchweizenbrot

>500 g Buchweizenmehl, fein
>20 g Trockenhefe
>1 TL Salz
>5 g Guarkernmehl
>450 ml Wasser

Mehl, Hefe, Salz und Guarkernmehl mischen, das Wasser zufügen und zu einem Teig verarbeiten. Nach einer Ruhezeit von acht Stunden in einer kleinen Kastenform bei 180 °C (vorgeheizt) etwa 45 Minuten backen. Das Brot wird relativ fest und lecker.

Brot, in der Kastenform gebacken

Walnuss-(Baumnuss-)Mandelbrot

150 g Vollkornreismehl, fein
100 g Mehlmix B
½ gestrichener TL Guarkernmehl
½ TL Salz
10 g Trockenhefe
1 gehäufter EL Mandelmus
1 EL Essig, 200 ml Wasser
40–50 g gehackte Walnüsse/Baumnüsse

Die beiden Mehle, das Guarkernmehl, das Salz und die Hefe mischen, Wasser und Mandelmus zufügen und zu einem Teig verarbeiten. Nach einer Ruhezeit von zwei bis drei Stunden in einer halben kleinen Kastenform bei 180 °C (vorgeheizt) etwa 45 Minuten backen.

Vollkornreis-Mehlmixbrot

200 g Vollkornreismehl, selbst gemahlen
300 g Schär Mehlmix B
4 g Guarkernmehl, 1 TL Salz
20 g Trockenhefe, 400 ml Wasser

Der Vollkornreis sollte nicht zu fein gemahlen sein. Aus allen Zutaten einen Teig rühren, drei Stunden aufgehen lassen und ohne Vorheizen bei 180 °C in einer Kastenform etwa 60 Minuten backen.

Buchweizenbrot

500 g Buchweizen, fein gemahlen
20 g Trockenhefe, 1 TL Salz
5 g Guarkernmehl
450 ml Wasser

Aus allen Zutaten einen Teig rühren, etwa 8 Stunden aufgehen lassen, in eine Kastenform füllen und in dem auf 180 °C vorgeheizten Backofen zunächst 30 Minuten, dann bei 160 °C weitere 30 Minuten backen.

Mehlmix-Buchweizenbrot

150 g Buchweizenmehl, fein
350 g Schär Mehlmix B
1 gestrichener TL Guarkernmehl
20 g Trockenhefe
400 ml Wasser

Die beiden Mehle, das Guarkernmehl und die Hefe vermischen, das Wasser zufügen und zu einem Teig verarbeiten. Nach einer Ruhezeit von 2 Stunden in einer kleinen Kastenform in dem auf 180 °C vorgeheizten Backofen etwa 45 Minuten backen. Nach der halben Backzeit den Ofen auf 160 °C zurückschalten.

Zitronenbrot

400 g Schär Mehlmix B
20 g Trockenhefe
½ TL Salz
300 ml Wasser
Saft von ½ Zitrone (20 ml)

Mehl, Hefe, Salz und Guarkernmehl vermischen, das Wasser und den Zitronensaft zufügen und alles zu einem Teig verarbeiten. Nach einer Ruhezeit von acht Stunden in einer kleinen Kastenform bei 180 °C (vorgeheizt) etwa 45 Minuten backen. Das Brot wird relativ fest.

Vollkornreis-Kartoffelbrot

150 g Kartoffeln
250 ml Wasser
400 g Vollkornreismehl, fein
5 g Guarkernmehl
½ TL Salz
20 g Trockenhefe

Die Kartoffeln im Wasser pürieren und mit den restlichen Zutaten zu einem Teig verarbeiten. Nach etwa vier Stunden Ruhezeit in einer mit Backpapier ausgelegten kleinen Kastenform bei 160 °C im vorgeheizten Backofen etwa 60 Minuten backen.

Karotten-Kartoffel-Vollkornbrot

>100 g Karotten
>150 g Kartoffeln
>250 ml Wasser, 1 EL Essig
>1 TL Salz, 42 g Frischhefe
>300 g Vollkornreismehl (möglichst selbst gemahlen)
>200 g Buchweizenmehl (möglichst selbst gemahlen)
>7 g Guarkernmehl

Die geschälten Karotten und Kartoffeln kleinschneiden und zusammen mit dem Wasser, Essig und Salz pürieren. Darin die Hefe auflösen, zusammen mit dem Mehl zu einem Teig verarbeiten und diesen 3 Stunden aufgehen lassen. Gebacken wird das feste Brot in einer mit Backpapier ausgelegten Kastenform etwa 60 Minuten im vorgeheizten Backofen bei 180 °C.

Toastbrot

>200 g Kartoffeln
>300 ml Wasser, 1 EL Essig
>400 g Schär Mehlmix B
>1 gestrichener TL Guarkernmehl
>1 gestrichener TL Salz
>42 g Frischhefe (1 Päckchen)

Die gewürfelten Kartoffeln im Wasser mit Essig pürieren, die Hefe dazubröseln, verrühren und mit dem Mehl, dem Guarkernmehl und dem Salz zu einem Teig verarbeiten.
Nach 2 Stunden Ruhezeit den Teig erneut kurz rühren und in eine mit Backpapier ausgelegte Kastenform füllen. Den Backofen auf 180° C vorheizen und zunächst 30 Minuten bei dieser Temperatur backen, dann weitere 30 Minuten bei 160 °C. Das Toastbrot ist locker, wird aber beim Toasten nicht braun, da es keinen Zucker enthält.

Rezepte für Brot

Maisbrot

250 g Mehlmix B
50 g Polenta (grobes Maismehl)
3 g Guarkernmehl
2 Prisen Salz
200 ml Wasser
½ Würfel Frischhefe

Die trockenen Zutaten in einer Rührschüssel vermischen, eine Kuhle bilden, das Wasser und die zerbröselte Frischhefe einfüllen und nach wenigen Minuten verrühren, bis sich die Hefe aufgelöst hat. Danach mit einem Knethaken einen festen Teig herstellen und diesen 2 Stunden ruhen lassen. Den Teig, ohne ihn erneut zu kneten, in eine Brotform geben, auf ein mit Backpapier ausgelegtes Backblech legen und erneut eine halbe Stunde ruhen lassen. Inzwischen den Backofen auf 180 °C vorheizen und das Brot in etwa 60 Minuten backen.

Freigeschobenes Brot

Freigeschoben bedeutet, dass Brot ohne Kastenform gebacken wird. Der Teig muss etwas fester in der Konsistenz sein; dadurch wird auch das Brot fester. Etwas mehr Hefe kann helfen, dass es nicht zu fest wird. Auf jeden Fall bekommt es eine bessere Kruste, die allerdings nicht dunkler ist. Auch das Bestreichen mit Zuckerwasser hat das Brot nicht wesentlich dunkler gemacht.

Tomatenbrot

400 g Schär Mehlmix B
50 g Buchweizenmehl
2 MSP Guarkernmehl
1 TL Salz
1 EL Essig
300 ml Wasser
½ Würfel Frischhefe
50 g getrocknete Tomaten

Alle Mehle und das Salz in einer Rührschüssel vermischen. Eine Kuhle im Mehl bilden, das Wasser und den Essig einfüllen, die Frischhefe hineinbröseln und nach wenigen Minuten verrühren, bis sich die Hefe aufgelöst hat. Danach mit dem Knethaken einen Teig herstellen und erst zum Schluss die zuvor gewaschenen und kleingeschnittenen Tomaten locker unterkneten. Dafür eignet sich z. B. ein Teigschaber mit Stiel sehr gut. Der Knethaken einer Küchenmaschine oder eines Handmixers würde die Tomatenstücke möglicherweise zerfetzen.

Den Teig etwa 5 Stunden aufgehen lassen, aus der Rührschüssel nehmen und ihn ohne weiteres Kneten auf ein mit Backpapier ausgelegtes Backblech geben. Mit nassen Händen in Form drücken und mit dem Finger die Tomatenstücke in den Teig drücken, die obenauf liegen. Diese Mühe lohnt sich, denn so verbrennen sie nicht.

Nach einer weiteren Stunde Ruhezeit im auf 200 °C vorgeheizten Backofen backen. Die Temperatur nach 10 Minuten auf 160 °C reduzieren und das Brot insgesamt 60 Minuten backen.

Mandel-Karottenbrot

150 g Karotten, roh
150 g Kartoffeln, roh
230 ml Wasser
1 TL Salz
1 EL Essig
350 g Schär Mehlmix B
2 gestrichene EL Guarkernmehl
50 g Mandelsplitter

Die geschälten Kartoffeln und Karotten reiben, das Wasser hinzufügen und mit den restlichen Zutaten zu einem Teig verarbeiten. Nach einer Ruhezeit von mehreren Stunden freigeschoben, also nicht in einer Form, bei zunächst 180 °C im vorgeheizten Backofen 30 Minuten backen, dann die Temperatur auf 160 °C reduzieren und weitere 30 Minuten backen. Es entsteht ein flaches Brot, das ich besonders gern backe.

Rezepte für Brot

Fladenbrot und Laugenbrötchen

In der Türkei wurden wir in eine Familie eingeladen, die Fladenbrot – leider aus Weizenmehl – in einer fettlosen Pfanne backte. Kaum zu Hause, musste ich es unbedingt ausprobieren. Seither gibt es bei uns gelegentlich Fladenbrot, mal aus dem Backofen und mal aus der Pfanne.
Früher war ich ein großer Fan von Laugenbrötchen, einfach nur so oder mit Butter. Lange habe ich darauf verzichten müssen, bis ich auf die Idee kam, es einfach mal mit einem Fertigmehl zu probieren. Sie schmecken köstlich und lassen sich hervorragend einfrieren. Nach dem Auftauen kurz toasten oder evtl. auf dem Aufsatz des Toasters aufbacken. Sie werden staunen, wie lecker sie sind.

Fladenbrot

100 g Kartoffeln, roh
100 ml Wasser
1 EL Essig
150 g Glutano Mix it Universalmehl
1 gestrichener EL Trockenhefe
20 g gestiftete Mandeln

Die geschälten und gewürfelten Kartoffeln im Wasser und Essig pürieren und mit dem Mehl und den Mandeln zu einem Teig verarbeiten. Nach 2 Stunden Ruhezeit ein relativ flaches Brot formen, auf ein mit Backpapier ausgelegtes Backblech legen und eine weitere Stunde ruhen lassen. Das Brot im vorgeheizten Backofen bei 160 °C etwa 30 Minuten backen.

Fladenbrot aus der Pfanne

250 g Schär Mehlmix B
½ TL Salz
10 g Trockenhefe
200 ml Wasser
1 EL Sesam

Fladenbrot und Laugenbrötchen

Mehl, Salz und Hefe mischen, das Wasser zufügen und einen Teig kneten. Nach einer einstündigen Ruhezeit eine Pfanne ohne Fett auf der Kochplatte bei einem Drittel der möglichen Temperatur anwärmen. Mit den Händen handtellergroße Fladen formen, mit Sesam bestreuen und in der Pfanne beidseitig backen. Dabei keinen Deckel auflegen, denn von diesem tropft Kondenswasser auf das Brot.

Fladenbrot nach Südtiroler Art

300 g Schär Mehlmix B
150 g Buchweizen, gemahlen
2 gestrichene TL Salz
2 MSP Guarkernmehl
1 EL Essig
300 ml Wasser
1 Würfel Frischhefe
1 gestrichener EL Steinklee
1 gestrichener TL Kümmel, gemahlen
1 gestrichener EL Anis, gemahlen

Mehlmix und den gemahlenen Buchweizen mit dem Salz und Guarkernmehl in einer Rührschüssel vermischen, eine Kuhle bilden und die Frischhefe darin zerbröseln. Nach ein paar Minuten die Hefe im Wasser verrühren und schließlich mit dem Mehlgemisch zu einem festen Teig kneten.
Diesen etwa 10–12 Stunden (am besten über Nacht) aufgehen lassen, die Gewürze unterkneten, zwei große Fladen formen und auf ein mit Backpapier ausgelegtes Backblech setzen.
Den Ofen auf 220 °C vorheizen und die Fladen, die während der Vorwärmzeit erneut aufgehen konnten, etwa 40 Minuten backen. Dabei kann der Ofen nach 5 Minuten auf 180 °C zurückgeschaltet werden. Gegessen wird das in Streifen geschnittene Brot zu Suppen oder Eintöpfen.

Rezepte für Brot

Laugenbrötchen

Teig:
500 g Schär Brot Mix B
20 g Trockenhefe, 1 TL Salz, 400 ml Wasser
Lauge:
2 Liter Wasser
2 EL Natron (Drogerie, Lebensmittelhandel), 1 Prise Salz

Alle Zutaten zu einem festen Teig kneten und 3–6 Stunden aufgehen lassen. Ohne vorher den Teig gerührt zu haben, mit nassen Händen faustdicke Brötchen formen und 5 Minuten in einer Mischung aus Wasser, Salz und Natron kochen. Die Brötchen mit einem Schaumlöffel aus dem Wasser nehmen, auf ein Backblech mit Backpapier legen, mit einem scharfen Messer einschlitzen und etwa 15 Minuten bei 160 °C (Heißluft) im vorgeheizten Ofen backen. Laugenbrötchen schmecken auch lecker, wenn Sie in die Lauge zusätzlich einen Teelöffel Zucker oder Agavendicksaft geben.

Laugenbrötchen mit Kartoffeln

Teig:
150 g Kartoffeln, roh
100 ml Wasser
250 g Schär Mehlmix B
15 g Trockenhefe, 2 g Salz
1 MSP Guarkernmehl
Lauge:
2 Liter Wasser
2 EL Natron (Drogerie, Lebensmittelhandel), 1 Prise Salz

Die geschälten und gewürfelten Kartoffeln im Wasser pürieren, zusammen mit den übrigen Teigzutaten zu einem festen Teig kneten und 3–6 Stunden aufgehen lassen.
Ohne vorher den Teig gerührt zu haben, mit nassen Händen faustdicke Brötchen formen und 5 Minuten in einer Mischung aus Wasser, Salz und Natron kochen. Die Brötchen mit einem Schaumlöffel aus dem Wasser nehmen, auf ein Backblech mit Backpapier legen, mit einem scharfen Messer einschlitzen und etwa 15 Minuten bei 160 °C (Heißluft) im vorgeheizten Ofen backen.

Brotbackautomat

Tipps

Ich wiege alle Zutaten ab, also auch das Wasser, denn es kommt ziemlich genau auf die Menge an. Für alle Rezepte gilt: Zuerst das Wasser in den Behälter füllen. Mehl, Hefe und Salz zufügen und das Gerät einschalten. Dabei sollte immer die längste und heißeste Backeinstellung genutzt werden. Nach etwa 5 Minuten mit einem Teigschaber, der einen Stiel hat, zusätzlich kurz umrühren, vor allem in den Ecken. Danach den Backautomat schließen und das Brot backen. Noch handwarm aus der Form nehmen, damit die Kruste nicht durch Kondenswasser feucht wird.
Brotbackautomaten sind eine Erleichterung für den Alltag. Wenn es allerdings etwas Besonderes sein soll, schmeckt es meiner Meinung nach aus dem Backofen besser. Bei Experimenten oder neuen Rezepten bitte zwischendurch nachsehen, ob der Teig in der Backform im Automaten überläuft, was sehr schnell passieren kann.
Es gibt Backautomaten mit zwei unterschiedlichen Fassungsvermögen. Der kleinere ist für etwa 300 g Mehl und der größere für 500 g ausgelegt.

Backfehler im Brotbackautomaten

Teig läuft (fast) über	zu viel Wasser oder Hefe
Übergelaufen	zu viel Teig, zu viel Hefe oder zu warmes Wasser eingefüllt
Tiefe Kuhle nach dem Backen	zu viel Wasser oder Hefe
Glitschig	zu viel Verdickungsmittel
Mehl nach dem Backen in Ecken	nicht oder zu wenig manuell gerührt
Mehlreste auf fertigem Brot	zu wenig Flüssigkeit
In der Mitte krümelig	zu viel Trockenhefe
Nicht aufgegangen und hart	Hefe vergessen, zu wenig Hefe oder Hefe zu alt

Rezepte für Brot

Großes Brot

> 450 ml Wasser
> 500 g Vollkornreis, gemahlen
> 5 g Guarkernmehl
> 5 g Salz
> 25 g Trockenhefe

Zunächst das Wasser und dann die restlichen Zutaten in den Behälter des Backautomaten füllen und diesen einschalten. Nach 5 Minuten zusätzlich manuell umrühren.

Kleines Brot

> 270 ml Wasser
> 200 g Vollkornreis, gemahlen
> 100 g Buchweizen, gemahlen
> 4 g Guarkernmehl
> 2 g Salz
> 20 g Trockenhefe

Zunächst das Wasser und dann die restlichen Zutaten in den Behälter des Backautomaten füllen und diesen einschalten. Nach 5 Minuten zusätzlich manuell umrühren.

Großes Mehrkornbrot

> 450 ml Wasser
> 300 g Vollkornreismehl
> 100 g Buchweizenmehl
> 50 g Quinoamehl
> 50 g Amaranthmehl
> 5 g Guarkernmehl
> 5 g Salz
> 25 g Trockenhefe
> ¼ Tasse Sesamsaat
> ¼ Tasse Sonnenblumenkerne

Zunächst das Wasser und dann die restlichen Zutaten in den Behälter des Backautomaten füllen und diesen einschalten. Nach 5 Minuten zusätzlich manuell umrühren.
Die Sonnenblumenkerne vorher in der fettfreien Pfanne rösten, dann werden sie aromatischer.

Großes Vollkornbrot mit Frischhefe

>400 g Vollkornreismehl
>100 g Buchweizenmehl
>7 g Guarkernmehl
>5 g Salz
>30 g Frischhefe
>300 g Wasser

Zunächst das Wasser und dann die restlichen Zutaten in den Behälter des Backautomaten füllen und diesen einschalten. Nach 5 Minuten zusätzlich manuell umrühren.

Großes Buchweizenbrot

>450 ml Wasser
>500 g Buchweizenmehl
>5 g Guarkernmehl
>5 g Salz
>20 g Trockenhefe

Zunächst das Wasser und dann die restlichen Zutaten in den Behälter des Backautomaten füllen und diesen einschalten. Nach 5 Minuten zusätzlich manuell umrühren.
Das Brot ist fest und lecker.

Rezepte für Brot

Kleines Kartoffelbrot

270 ml Wasser
100 g Kartoffeln, roh
1 TL Essig
300 g Vollkornreismehl
20 g Trockenhefe
½ TL Salz
4 g Guarkernmehl

Die geschälten und gewürfelten Kartoffeln im Wasser mit dem Essig pürieren, in den Backautomat gießen, die restlichen Zutaten hinzufügen und den Backautomaten einschalten. Nach wenigen Minuten manuell umrühren.

Kleines Kartoffelbrot

130 g Kartoffeln, gar
5 g Frischhefe
250 ml Wasser
100 g Reismehl, fein
100 g Maismehl, fein
3 g Salz
4 g Guarkernmehl

Die gegarten Kartoffeln und die Frischhefe mit einer Gabel zerdrücken und, mit dem Wasser vermischt, in den Backautomaten füllen. Die trockenen Zutaten zufügen und den Backautomaten einschalten. Nach wenigen Minuten manuell umrühren.

Kleines Karotten-Toastbrot

80 g Karotten
280 ml Wasser
2 g Salz
1 TL Essig
300 g Schär Mehlmix B
10 g Trockenhefe
1 MSP Guarkernmehl

Die geschälten und gewürfelten Karotten im Wasser mit Salz und Essig pürieren und in den Backautomaten füllen. Das Mehl sowie die Trockenhefe und das Guarkernmehl zufügen, den Backautomaten einschalten und nach etwa 5 Minuten zusätzlich manuell umrühren.

Kleines Kartoffel-Toastbrot

    100 g Kartoffeln
    200 ml Wasser
    2 g Salz
    1 TL Essig
    230 g Schär Mehlmix B
    5 g Frischhefe

Die geschälten und gewürfelten Kartoffeln im Wasser mit Salz und Essig pürieren, die Hefe darin auflösen und alles in den Backautomaten füllen. Das Mehl zufügen, den Automaten einschalten und nach etwa 5 Minuten zusätzlich manuell umrühren.

Bagels

Bagels werden in Nordamerika statt Brötchen angeboten. Ich habe mir einen »Donutmaker«, ähnlich einem Waffeleisen, angeschafft und liebe vor allem am Sonntagmorgen meine darin frisch gebackenen Bagels. Donuts sind die süße Variante von Bagels. Den Teig dafür rühre ich am Vorabend an. Die Bagels backe ich erst unmittelbar vor dem Frühstück. Sie schmecken warm am besten und sind ein wunderbarer Ersatz für Brötchen. Praktisch ist diese Methode auch im Urlaub in einer Ferienwohnung.

Zum Bagelbacken einfach mit zwei Esslöffeln etwas Teig in die entsprechenden Kuhlen des Automaten füllen und nach den Anweisungen des Geräteherstellers die Bagels backen.

Bagels mit Hefeteig

Einfache Bagels

>125 g Schär Mehlmix B
>1 g Salz
>1 TL Essig
>5 g Trockenhefe
>100 ml Wasser

Aus allen Zutaten einen Teig zubereiten, eine Stunde aufgehen lassen und Bagels daraus backen.

Karottenbagels

> 80 g Karotten, roh
> 150 g Schär Mehlmix B
> 12 g Trockenhefe
> 100 ml Wasser
> 2 g Salz

Am Vorabend die Karotten reiben und zusammen mit den restlichen Zutaten zu einem Teig verrühren. Den Teig über Nacht stehen lassen, morgens die Bagels backen und frisch genießen.

> ***Alternativrezept für zwei Tage:***
> 100 g Karotten, roh
> 200 ml Wasser
> 1 EL Essig
> ½ Tl Salz
> 6 g Trockenhefe
> 1 MSP Guarkernmehl
> 250 g Schär Mehlmix B

Zubereitung wie oben. Der Teig reicht für 2 Portionen. Gegebenenfalls den Teig für den nächsten Tag im Kühlschrank aufbewahren.

Kartoffelbreibagels

> 100 g Kartoffelbrei
> 150 g Schär Mehlmix B
> 100 ml Wasser
> 10 g Trockenhefe
> 1 Prise Salz

Dieses Rezept ist vor allem dann eine empfehlenswerte Variante, wenn man etwas Kartoffelbrei übrig hat. Dieser wird zusammen mit den anderen Zutaten zu einem Teig verarbeitet, der über Nacht ruhen soll. Morgens die Bagels backen und frisch genießen.

Bagels

Reisbagels

100 g heller Basmatireis, gekocht
250 g Glutano Mix it Universalmehl
1 EL Essig
250 ml Wasser
10 g Trockenhefe

Dieses Rezept ist vor allem dann gut, wenn man etwas gekochten Reis übrig hat. Dieser wird zusammen mit den anderen Zutaten zu einem Teig verarbeitet. Diesen über Nacht stehen lassen, morgens die Bagels backen und frisch genießen. Der Teig ist krümelig, die Bagels lecker und der Reis nicht mehr zu erkennen.

Kartoffelbagels

150 g Kartoffeln, roh
100 ml Wasser
1 TL Essig
1 MSP Salz
200 g Glutano Mix it Universalmehl
10 g Trockenhefe

Am Vorabend die geschälten und in Stücke geschnittenen Kartoffeln im Wasser pürieren und zusammen mit den restlichen Zutaten zu einem Teig verrühren. Den Teig über Nacht stehen lassen, morgens die Bagels backen und frisch genießen. Sie sind außen knusprig und innen klebrig.

Dunkle Bagels

150 g Mehlmix Rustikal Hammermühle
1 MSP Salz
5 g Trockenhefe
120 ml Wasser
1 TL Essig

Aus allen Zutaten einen Teig zubereiten, eine Stunde aufgehen lassen und Bagels daraus backen.
Der Teig ist locker und klebrig, die Bagels sind außen knusprig und innen weich.

Helle Bagels

150 g Mehlmix Hammermühle
7 g Trockenhefe
1 MSP Salz
150 ml Wasser
1 EL Essig

Aus allen Zutaten einen Teig zubereiten, eine Stunde aufgehen lassen und Bagels daraus backen.

Bagels mit Backpulver

Manchmal muss es schnell gehen, Backpulver benötigt keine Zeit zum Aufgehen. Für alle, die keine Hefe vertragen, eignen sich die folgenden Rezepte mit Backpulver besonders gut.

Mandelbagels

50 g Reismehl, fein
1 g Guarkernmehl
200 g Schär Mehlmix B
1 Prise Salz
8 g Backpulver
150 ml Wasser
1 gehäufter TL Mandelmus

Morgens vor dem Frühstück alle Zutaten zusammen mit den restlichen Zutaten zu einem Teig verrühren. Aus dem frischen Teig die Bagels backen und warm genießen.

Bagels

Zwiebelbagels

¼ kleine Zwiebel
150 g Schär Mehlmix B
1 gestrichener TL Backpulver
1 Prise Salz
1 TL Rapsöl
½ TL Essig
150 ml Wasser

Morgens vor dem Frühstück die Zwiebel ganz klein schneiden, evtl. in wenig Öl kurz in der Pfanne andünsten und zusammen mit den restlichen Zutaten zu einem Teig verrühren. Aus dem frischen Teig die Bagels backen und warm genießen.
Diese Bagels fanden wir, mit Margarine bestrichen, zu einem frischen Salat besonders lecker.

Knoblauchbagels

3 Knoblauchzehen
1 TL Rapsöl
150 g Schär Mehlmix B
1 gestrichener TL Backpulver
1 Prise Salz
150 ml Wasser

Die Knoblauchzehen klein hacken, im Rapsöl anbraten und mit den restlichen Zutaten zu einem Teig verrühren. Aus dem frischen Teig die Bagels backen und warm genießen.
Sie schmecken auch abends zu Tomatensalat sehr gut.

Tipp:
Gegebenenfalls Olivenöl verwenden.

Paprikabagels

>100 g Kartoffeln, roh
>100 ml Wasser
>1 EL Essig
>1 TL Salz
>200 g Schär Mehlmix B
>1 g Guarkernmehl
>5 g Backpulver
>25 g Zwiebel
>25 g Rote Paprika

Die geschälten und gewürfelten Kartoffeln im Wasser mit dem Essig pürieren und zusammen mit Salz, Mehl, Guarkernmehl und Backpulver einen Teig rühren. Das Gemüse klein würfeln, evtl. in Öl kurz andünsten, unterheben und leckere Bagels backen.

Schnelle Bagels

>150 g Schär Mehlmix B
>6 g Backpulver (1 leicht gehäufter TL)
>1 Prise Salz
>100 ml Wasser

Alle Zutaten zu einem Teig verrühren und Bagels backen.

Oreganobagels

>150 g Schär Mehlmix B
>6 g Backpulver (1 leicht gehäufter TL)
>1 Prise Salz
>½ TL Oregano
>1 EL Olivenöl
>100 ml Wasser

Alle Zutaten zu einem Teig verrühren und Bagels backen. Sie schmecken besonders gut als Teil einer Vorspeise.

Bagels

Ingwerbagels

>20 g frischer Ingwer
>100 g Kartoffeln, roh
>100 ml Wasser
>200 g Schär Mehlmix B
>¼ TL Salz
>1 Päckchen Backpulver

Das Ingwerstück und die Kartoffeln schälen, würfeln und mit dem Wasser pürieren. Zusammen mit den restlichen Zutaten zu einem Teig verrühren und Bagels backen. Die Ingwermenge kann, je nach Geschmack, erhöht werden.

Olivenbagels

>80 g Kartoffeln, roh
>100 ml Wasser
>1 gestrichener TL Backpulver
>2 Prisen Salz
>5 Oliven in Olivenöl
>1 El Olivenöl

Die geschälten und gewürfelten Kartoffeln reiben, die entsteinten Oliven sehr klein schneiden, aus allen Zutaten einen Teig rühren und Bagels backen. Schmeckt besonders gut zu eingelegten Tomaten oder zu Salat als Vorspeise.

Pizza und Pizzabrötchen

Pizza schmeckt selbst gemacht einfach am besten. Sie können sie ganz nach Ihrem Geschmack belegen. Wir lieben sie mit der üblichen Tomatensoße und vorgebratenen Zwiebeln und Champignons. Jede Variante ist aber möglich. Wenn Sie dürfen, legen Sie noch Käse darauf.
Besonders lecker und als Vorspeise passend sind Pizzabrötchen zum Salat oder für Antipasti. Entweder Sie nehmen einen Teil des Teigs, der für die Pizza bestimmt ist, oder Sie rühren einen Extrateig an. Gelegentlich haben wir so viele Gäste, dass unsere Kochtöpfe zu klein sind. In so einem Fall gibt es vorweg Antipasti oder Salat mit Mini-Pizzabrötchen. Wenn dann das Hauptgericht kommt, was eigentlich zu wenig wäre, sind alle schon halb satt. Jedes Mal wenn die kleinen Brötchen alle sind, werde ich nach dem Rezept gefragt.

Pizza vom Blech

500 g Schär Mehlmix B
20 g Trockenhefe
1 TL Salz
400 ml Wasser
2 EL Olivenöl

Alle Zutaten zu einem festen Teig verrühren und diesen 3 bis 6 Stunden abgedeckt aufgehen lassen.
Danach den Teig gut durchkneten und auf einem geölten Backblech verteilen. Das geht am besten mit öligen Händen. Den Teig wie gewohnt belegen.
Bei 180 °C im vorgeheizten Ofen etwa 15 bis 20 Minuten backen.
Meistens reicht der Teig aus 500 g Mehl für eine Riesenpizza und zwei bis drei Brötchen oder mehrere kleine Minibrötchen als Teil einer Vorspeise.

Pizza und Pizzabrötchen

Kartoffelteigpizza

    250 g Kartoffeln, roh
    250 ml Wasser
    2 El Olivenöl
    ½ TL Salz
    400 g Schär Mehlmix B
    20 g Trockenhefe

Die geschälten Kartoffeln reiben, zusammen mit den anderen Zutaten zu einem festen Teig verrühren und 3 bis 6 Stunden abgedeckt aufgehen lassen.
Danach den Teig gut durchkneten und auf einem geölten Backblech verteilen. Das geht am besten mit öligen Händen. Den Teig wie gewohnt belegen.
Bei 180 °C im vorgeheizten Ofen etwa 15 bis 20 Minuten backen.
Meistens reicht dieser Teig für eine Riesenpizza und zwei bis drei Brötchen oder mehrere kleine Minibrötchen als Teil einer Vorspeise.

Mini-Pizzabrötchen

    250 g Schär Mehlmix B
    10 g Trockenhefe
    ¼ TL Salz
    200 ml Wasser
    1 EL Olivenöl

Alle Zutaten zu einem festen Teig verrühren und 3 bis 6 Stunden abgedeckt aufgehen lassen.
Danach den Teig zu kleinen Kugeln drehen und diese flach drücken. Knapp 15 Minuten bei 180 °C im vorgeheizten Backofen backen und noch heiß genießen.

Buchweizen-Minis

    100 g Buchweizenmehl, fein
    150 g Schär Mehlmix B
    10 g Trockenhefe
    1 MSP Guarkernmehl
    200 ml Wasser

Die beiden Mehle, das Guarkernmehl und die Hefe mischen, das Wasser hinzufügen und zu einem Teig verarbeiten. Nach einer Ruhezeit von 2 Stunden kleine Fladen formen und im vorgeheizten Backofen bei 160 °C etwa 10 bis 15 Minuten backen. Noch warm zu Salat oder Gegrilltem servieren.

Paprika-Minis

Teig:
100 g Kartoffeln, roh
100 ml Wasser
200 g Schär Mehlmix B
¼ TL Salz
10 g Trockenhefe
Belag:
3 EL Olivenöl
1 EL Paprikapulver, edelsüß
1 winzige Prise Salz
1 TL Oregano

Die geschälten und gewürfelten Kartoffeln im Wasser pürieren und mit den restlichen Zutaten zu einem Teig verarbeiten. Nach einer einstündigen Ruhezeit kleine Kugeln aus je etwa einem Esslöffel Teig formen, diese flachdrücken und auf ein mit Backpapier ausgelegtes Backblech legen. Es muss etwas Abstand dazwischen sein, denn sie gehen auf. Den Backofen auf 160 °C vorheizen und die kleinen Brötchen etwa 10 Minuten backen. Nebenbei die Zutaten für den Belag vermischen und mit einem Pinsel auf den fast fertigen Brötchen verteilen. Danach noch mal etwa 5 Minuten backen. Dabei darf der Belag auf keinen Fall schwarz werden, denn verbranntes Paprikapulver schmeckt bitter. Diese kleinen Brötchen schmecken köstlich als Vorspeise zu frischem Salat.

Gefüllte Paprika-Minis

Teig:
100 g Kartoffeln, roh
100 ml Wasser
200 g Schär Mehlmix B
¼ TL Salz
10 g Trockenhefe

Füllung:
Etwa 15 getrocknete Tomaten
5 EL Essig
250 ml Wasser
1 EL Oregano
1 TL Rosmarin
2 EL Olivenöl

Die geschälten und gewürfelten Kartoffeln im Wasser pürieren, mit den restlichen Zutaten zu einem Teig verarbeiten und etwa 2 Stunden ruhen lassen.
In der Ruhezeit die abgespülten, getrockneten Tomaten im Essigwasser mit den Gewürzen etwa 10 Minuten kochen und im Sud erkalten lassen. Nach knapp 2 Stunden die Tomaten aus dem Sud nehmen und mit dem Öl anreichern.
Aus der Hälfte des Teigs kleine Kugeln, etwa einer Esslöffelmenge entsprechend, formen, diese flachdrücken und auf ein mit Backpapier ausgelegtes Backblech legen. Es muss etwas Abstand dazwischen sein, denn sie gehen auf. Aus der anderen Teighälfte die gleichen Formen kneten und zur Seite legen.
Die geölten Tomatenscheiben auf die kleinen Teigfladen legen, mit einem zweiten flachen Teigstück belegen und die Kanten wie bei Ravioli mit den Fingern zudrücken.
Den Backofen auf 160 °C vorheizen und die kleinen Brötchen etwa 15 Minuten backen.
Diese kleinen würzigen Brötchen schmecken himmlisch als Vorspeise oder, je nach Menge, als Hauptgericht zu frischem Salat.

Knäckebrot

Aus Schweden stammt das leckere Knäckebrot. Ich habe mehrere Rezepte ausprobiert, die allerdings ganz anders schmecken und erst nach mehreren Misserfolgen gelangen. Die ersten schmecken gut, hatten aber eher die Konsistenz einer Spanplatte. Ich hatte anscheinend zu wenig Backtriebmittel verwendet. Knäckebrot hält sich, erst einmal getrocknet, sehr gut in einer geschlossenen Dose oder einem Beutel.

Helles Knäckebrot

150 g Schär Mehlmix B
8 g Trockenhefe
2 Prisen Salz
120 ml Wasser
1 TL Rapsöl

Aus allen Zutaten einen festen Teig kneten, zwischen zwei Lagen Backpapier etwa 2 mm dünn ausrollen und mit einem scharfen Messer in Vierecke schneiden. Diese Vierecke mit kleinem Abstand auf ein Backpapier legen, mit einer Gabel oder einem spitzen Messer ein paar Löcher hineinstechen und eine Stunde aufgehen lassen. Die Teigstücke mit Wasser bepinseln und im vorgeheizten Backofen bei 160 °C etwa 30 Minuten backen. Nach dem vollständigen Abkühlen in einer Dose aufbewahren.

Knäckebrot

Buchweizenknäckebrot

>   200 g Buchweizenmehl
>   8 g Trockenhefe
>   2 Prisen Salz
>   1 g Guarkernmehl
>   150 ml Wasser
>   1 TL Essig
>   1 TL Rapsöl

Aus allen Zutaten einen festen Teig kneten, zwischen zwei Lagen Backpapier 2 mm dünn ausrollen und mit einem scharfen Messer in Vierecke schneiden. Diese Vierecke mit kleinem Abstand auf ein Backpapier legen, mit einer Gabel oder einem scharfen Messer ein paar Löcher hineinstechen und eine Stunde aufgehen lassen. Die Teigstücke mit Wasser bepinseln und im vorgeheizten Backofen bei 160 °C etwa 30 Minuten backen. Nach dem vollständigen Abkühlen in einer Dose aufbewahren.

Kuchen backen

> **Backe, backe, Kuchen…**
> Backe, backe, Kuchen,
> der Bäcker hat gerufen!
> Wer will guten Kuchen backen,
> der muss haben sieben Sachen:
> Eier und Schmalz,
> Butter und Salz,
> Milch und Mehl,
> Safran macht den Kuchen gel!
> Schieb, schieb in'n Ofen 'nein.
> *Volkstümlicher Kinderreim*

Spartipps

In Schalen oder Schüsseln backen

Backformen sind oft zu groß für kleine Kuchenportionen. Ich verwende dafür einfach kleine Schüsseln, sie dürfen allerdings zum oberen Rand hin nicht enger werden. Gut geeignet sind Müslischalen.
Ich werde oft gefragt, ob die Schalen das aushalten. Jedes Porzellan- oder Keramikgeschirr hält problemlos Backofentemperaturen aus. Bei der Herstellung hat es immerhin 1100 bis 1400 °C ausgehalten.
Die Schale oder Schüssel einfetten, den Teig einfüllen und backen. Ich habe schon bei einem Blechkuchen eine Ecke auf dem Backblech freigelassen und in diese Ecke eine kleine Schüssel mit meinem Kuchen gestellt.
Vielleicht gibt es eine Töpferei in Ihrer Gegend und Sie fragen, ob man Ihnen dort eine kleine echte Backform töpfern kann. Im Fachhandel gibt es hervorragendes Keramikgeschirr, auch in kleinen Größen, z. B. Keramikgeschirr von Emile Henry oder Le Creuset. Wichtig ist dabei, dass die Glasuren lebensmittelecht sind.

Kuchen backen

Saisonkuchen einfrieren

Da Kuchen auch nach dem Einfrieren noch lecker schmecken – manche sogar besser – ist es sinnvoll die Erntesaison beispielsweise für Apfel- und Zwetsch(g)enkuchen auszunutzen.
Nicht nur auf dem Land gibt es Obstbäume, die niemand aberntet. Im Internet unter den Stichwörtern »Mundraub«, »freies Obst pflücken« u. a. findet man sogar »Landkarten« für legales Obstpflücken.

Backpapier

Das Backpapier kann man sparen, wenn die Backform oder das Backblech vor dem Backen eingefettet wird, was bei Kuchen möglich ist, denn im Kuchenteig ist ebenfalls Fett vorhanden. Früher wurde nur so gebacken.

Kartoffeln im Teig

Auch bei Kuchen ist ein geringer Kartoffelanteil sehr lecker. Kartoffeln sind preiswerter als glutenfreies Mehl. Auch Kuchen schmeckt lockerer mit einem Kartoffelanteil. Man könnte auch Kartoffelstärke verwenden. Diese ist allerdings eben nur die Stärke der Kartoffel ohne die gesunden Ballaststoffe, die in der Kartoffel vorhanden sind. Außerdem sind Kartoffeln preiswerter als Kartoffelstärke.

Stärkemehl

Glutenfreies Stärkemehl ist preiswerter als glutenfreies Mehl. Ein kleiner Anteil Stärke macht den Kuchen sogar luftiger. Es gibt Mais- und Kartoffelstärke. Bei beiden auf den Aufdruck »glutenfrei« achten, denn es gibt auch Weizenstärke, die von Vielen nicht vertragen wird.

Puderzucker herstellen

Normalen Haushaltszucker mit dem Zauberstab pürieren, dabei unbedingt die schmale Rührschüssel abdecken. Das geht gut mit einem sauberen, trockenen Spültuch, mit dem man die Schüssel abdeckt, den Pürierstab oben umwi-

ckelt und dann festhält. Praktischer ist ein zum Zauberstab passender Mixbecher mit Deckel.
Alternativ kann der Zucker auch auf einem Brett mit einem Nudelholz zerkleinert werden. Bei beiden Methoden danach den Zucker aussieben. Durch das feine Sieb fällt der Puderzucker. Den restlichen Zucker zum Backen verwenden, denn auch er ist feiner und löst sich leichter auf.

Allgemeine Tipps

Mehl austauschen

Bei den meisten Rezepten für »normalen« also glutenhaltigen Kuchen, können Sie das Mehl gegen glutenfreies austauschen. Das Ei im Kuchen ist ein zusätzlicher Kleber und erleichtert das Backen. Nicht vergessen, es muss ein Verdickungsmittel beigegeben werden. Wenn Sie Mehl selbst mahlen, muss es so fein wie möglich sein. Bei festeren Hefeteigen gilt auch, dass sie sich nur mit Fett an den Händen anfassen lassen. Rührteige mit Backpulver muss man ohnehin nicht anfassen.

Eifreie Rezepte

Die meisten Rezepte in diesem Buch sind auch eifrei, denn es gibt erstaunlich viele Menschen, die Eier nicht vertragen, und gerade Kuchen ohne Eier zu backen, ist eine Herausforderung.

Teig abschmecken

Meine Rezepte sind alle mit relativ wenig Zucker gebacken. Probieren Sie einfach den Teig, am besten bevor das Backpulver dazukommt. Backpulver hat ungebacken einen von Vielen oft als unangenehm empfundenen Geschmack und kann durchaus später untergerührt werden. Sie können den Teig nachsüßen, ohne dass sich grundsätzlich etwas an der Rezeptur ändert.

Schokolade

Fertige Schokostreusel bestehen oft aus Schokolade minderer Qualität und sind möglicherweise glutenhaltig. Es lohnt sich also, eine gute Schokolade, ausgewählt nach eigenem Geschmack, selbst zu raspeln. Kühlt man vorher die Schokolade oder friert sie ein, geht das wesentlich leichter. Raspeln kann man sie mit einer Gemüsereibe, einem Sparschäler oder mit einem scharfen dünnen Messer.
Für einige Rezepte reicht es, wenn man die Schokolade mit einem scharfen Messer zerschneidet oder klein hackt.
Im Übrigen lohnt es sich, im fairen Handel für Kakao oder Schokolade in Bioqualität etwas mehr Geld auszugeben. Und Sie unterstützen auf diese Weise die Kakaobauern in den Anbauländern.

Süßes im Kuchen und Gebäck

Natürlich kann für jedes meiner Rezepte weißer Haushaltszucker verwendet werden. Rohr- und Rohrohrzucker, Palmzucker und Agavendicksaft geben dem Gebäck und Kuchen einen ganz besonderen Geschmack. Dabei muss keineswegs die ganze Süßkraft aus den genannten Süßmitteln kommen. Meistens reicht es schon, wenn nur ein Teil des Zuckers ersetzt wird. Das gilt vor allem für Honig, Ahornsirup und Zuckerrübensirup, die alle drei so intensiv im Geschmack sind, dass sie pur möglicherweise zu heftig sind. Zuckerrübensirup ergibt einen karamellartigen Geschmack.
Fruchtig und nicht ganz so süß sind Apfel- und Birnenkraut. Auch hier gilt, dass man es ausschließlich oder als Anteil verwenden kann. Probieren Sie es einfach für sich aus. Probieren Sie auch mal, etwas Pflaumenmus zu verwenden, vor allem wenn Sie es selbst herstellen.

Vanillezucker

Ausgeschabte Vanilleschoten nicht wegwerfen, sondern in kürzere Stücke schneiden und in Zucker einlegen. Nach einigen Wochen oder Monaten haben Sie einen köstlichen Vanillezucker, den Sie für allerlei Naschereien verwenden können. Schon der Duft ist betörend. Auch bei echter Vanille gibt es übrigens große Qualitätsunterschiede und auch hier lohnt es sich, wie bei den oben erwähnten Kakaoprodukten, auf die Herkunft zu achten.

Backform einfetten

Die nach meiner Meinung beste laktosefreie Margarine ist Alsan S, die es »konventionell« und »bio« gibt. Diese Margarine hat die Form handelsüblicher Butter und schmeckt auch ähnlich. Wenn Sie mit dieser Margarine backen, können Sie mit der im Einwickelpapier verbliebenen Margarine auch das Backblech einfetten. Das geht wunderbar, ist sparsam und man braucht keinen Pinsel.
Natürlich eignet sich auch jede andere laktosefreie Margarine und wer Milch genießen darf, kann Butter verwenden.
Alternativ kann man einfach ein paar Tropfen Speiseöl in die Backform träufeln und mit einem Pinsel oder den Händen verstreichen.

Kuchen einfrieren

Kuchen lässt sich vorzugsweise auf einem Teller, der mitsamt Kuchen in einer Plastiktüte steckt, einfrieren. Ist der Kuchen dekoriert, zum Einfrieren zunächst die Tüte weglassen und diese erst im gefrorenen Zustand als Schutz verwenden. So wird die Dekoration nicht zerstört. Ohne Tüte würde der Kuchen schnell mit einer dünnen Schneeschicht überzogen, die bei jedem Öffnen des Gefrierschranks durch die Luftfeuchtigkeit verstärkt wird.
Ich finde, dass man die meisten Kuchen gut einfrieren kann. Zum Auftauen stelle ich sie bevorzugt am Vortag in den Kühlschrank. Je langsamer der Tauvorgang, desto besser der Geschmack.

Mehle und Backzutaten für Kuchen

Mehle

Jedes Mehl, das für Brot gut ist, eignet sich auch für Kuchen. Beim Selbstmahlen sollte das Mehl aber so fein wie möglich gemahlen werden.
Zusätzlich schmecken folgende Mehle oder Stärkemehle als Anteil zum selbst gemahlenen:
- **Fertigmischungen (gluten- und laktosefrei)** für Kuchen oder auch für Brot.
- **Kartoffelstärke** lockert Kuchen auf.
- **Maismehl** gibt es ganz fein gemahlen im Reformhaus, meistens als »Polenta«. Keine »Heim«-Getreidemühle mahlt so fein.

Kuchen backen

- **Maisstärke** lockert Kuchen auf.
- Feines **Vollkornreismehl** gibt es im Reformhaus. Etwas weniger fein auch im Biohandel. Beide sind gut alleine backfähig, sofern ein Verdickungsmittel zugefügt wird.

Bitte bei allen Fertigprodukten auf die Glutenfreiheit achten.

Verdickungsmittel

Auch beim Kuchenbacken sind Verdickungsmittel unentbehrlich. Es sind die gleichen wie bei Brot. Vorzugsweise würde ich Guarkernmehl verwenden, denn es hat sehr gute Backeigenschaften und ist preiswert.

Eier im Kuchen

Eier machen das Kuchenbacken leicht. Wer also Eier essen darf und »alte Lieblingsrezepte« hat, sollte einfach nur das Weizenmehl gegen Reismehl plus Verdickungsmittel tauschen. Die Chance, dass der Kuchen fast ebenso gut schmeckt, ist groß. Zumindest ist es einen Versuch wert.

Butter oder Margarine

Wer keine Laktose verträgt, hat auch meistens mit Butter Probleme. In Butter ist zwar nur wenig Laktose enthalten, für viele Menschen mit Laktoseintoleranz ist das aber schon zu viel.
Wer aber Butter essen darf, kann alle Rezepte mit Butter backen. Kuchen mit echter Butter schmeckt aromatischer und hat bessere Backeigenschaften.

Gewürze

Die meisten Kuchen werden erst durch Gewürze lecker. Ich habe schon aus einem Grundrezept nur durch Zugabe unterschiedlicher Gewürze grundverschiedene Kuchen gebacken. Zum Beispiel gehört zu einem Apfelkuchen einfach auch Zimt und in einem Marmorkuchen muss ein großer Anteil Kakao sein. Der Grundteig war identisch, ich habe ihn nur für die Gewürze aufgeteilt. Hier ein paar Ideen:

- **Zimt** schmeckt vor allem in der Winterzeit. Zimt hat außerdem eine leicht blutzuckersenkende Wirkung.
- **Vanille**, auch Bourbon-Vanille, ist die Königin der Gewürze. Nicht zu verwechseln mit dem »künstlichen« Vanillin.
- **Zitrusschalen** muss man mögen. Dafür werden nur die ungespritzten Zitrusfrüchte (Orange, Bitterorange/Pomeranze, Limone/Limette oder Zitrone) verwendet. Nur die äußere Schicht wird abgehobelt, nicht das Weiße darunter. In kleiner Menge gehört Zitronenschalenabrieb beispielsweise in jeden Zitronenkuchen.
- **Safran** färbt gelb. Da es viele Fälschungen gibt, würde ich kein Pulver kaufen, sondern feine Safranfäden. Fälschungen beim Pulver sind meistens Kurkuma. Dieses wird rot, wenn man Natron zufügt. Safran hingegen bleibt gelb. Die feinen Safranfäden im Mörser oder mit einem Löffel in einer Tasse zerreiben und mit ein paar Löffeln Wasser auffüllen. Dieses gelbe Wasser der Flüssigkeit für den Teig zugeben. Zu viel Safran macht den Kuchen bitter. Ein paar gelbfärbende Fäden schmeckt man nicht.
- **Honig** gehört natürlich in jeden Honigkuchen. Allerdings schmecken auch andere Kuchen besser, wenn ein Teil des Zuckers durch Honig ersetzt wird.
- **Zuckerrübensirup** hat ein karamellartiges Aroma und würzt vor allem in der Advents- und Winterzeit den Kuchen. Bitte nur einen Teil des Zuckers durch Zuckerrübensirup ergänzen, sonst schmeckt er zu stark durch.
- **Kakao** gehört natürlich in den dunklen Teil des Marmorkuchens und manche andere Kuchen oder Torten. Ich würze aber auch gerne den Teig einfach nur mit einem Esslöffel Kakao.
- **Alkohol:** Rum, Branntwein und Likör geben dem Kuchen Geschmack. Der Alkoholgehalt verflüchtigt sich beim Backen. Trockene Alkoholiker dürfen den Kuchen dann trotzdem nicht essen, denn der Geschmack weckt Erinnerungen. Ich finde, dass auch Kinder keinen Geschmack am Alkohol finden sollten.

Salz

Eine Prise Salz im Kuchenteig hebt den Geschmack und gehört auf jeden Fall dazu.

Kuchen backen

Stevia

Stevia, eine Pflanze, war lange Jahre als Nahrungsmittel nicht zugelassen, was sich aber geändert hat. Stevia schmeckt sehr süß, ist kalorienfrei, zuckerfrei und schadet nicht den Zähnen. Ich persönlich mag den Geschmack nicht so gerne und habe deshalb auch keine Backversuche gemacht. Es gibt Tropfen, die nur sehr sparsam angewendet werden dürfen, und ein Pulver, das sich leichter dosieren lässt. 25 Gramm davon ersetzen 100 Gramm Zucker.
Rezepte, die als Anregung dienen können, jedoch glutenhaltig sind, finden Sie in dem Buch von Brigitte Speck: »Backen mit Stevia«, Walter Hädecke Verlag.

Gartest für Kuchen

Für Kuchen ist der gute alte Nadeltrick geeignet. Idealerweise ist diese Nadel so lang, dass Sie sich nicht verbrennen. Gut ist eine feine Stricknadel aus Metall. Diese Nadel wird in den vermeintlich fertigen Kuchen gesteckt und gleich wieder herausgezogen. Klebt noch Teig daran, ist der Kuchen noch nicht fertig. Ist die Nadel »trocken«, ist der Kuchen ausgebacken. Am besten den Ofen ausschalten und den Kuchen für eine kurze Weile dort lassen, damit er nicht »zusammenfällt«.
Für diesen Gartest eignen sich auch dünne Schaschlikspieße aus Holz. Dann spricht man vom »Stäbchentest«.
Dieser Test funktioniert nicht bei Brownies. Hier muss man sich auf die Backzeit verlassen. Allerdings kommt es da auch nicht auf fünf Minuten mehr an.

Brownies

Ein typisch US-amerikanisches Kuchengebäck ist der Brownie. Er wird zu Kaffee, Tee, aber auch zu Eiscreme gereicht und ist etwas für Schokoladenfans. Zu Recht wird er auch bei uns immer beliebter. Ich habe unendlich viele Versuche gemacht, einen Brownie ohne Ei zu backen. Kein Brownie war so lecker wie die, die ich aus der Backmischung von Bauckhof (Naturkostladen und Reformhaus) gebacken habe. Dabei habe ich mich einfach genau an die Anleitung gehalten.

Crumble

Ein Rezept aus England. Das Besondere daran ist, dass Crumble ein Kuchen ohne Boden ist. Er wird nicht nur, wie hier im Buch, aus Äpfeln gemacht. Jedes Obst kann dafür verwendet werden. Das Gebäck ist vor allem etwas für Streuselfans wie mich. Es ist einfach, geht schnell und hat bisher allen Gästen wunderbar geschmeckt. Ich mache Crumble nur wesentlich weniger süß als in den meisten Rezepten beschrieben.

Tipps für Glasuren und Dekorationen

Kuchenglasuren

Meine Rezepte enthalten keine Glasurangaben, weil uns der Kuchen sonst zu süß oder zu gehaltvoll wird. Das sollte Sie aber nicht davon abhalten, Ihren Kuchen mit einer Glasur zu versehen. Anschließend nur ein paar Ideen, die Rezeptmenge richtet sich nach der Kuchengröße. Die meisten Glasuren sind von Natur aus glutenfrei, Sie können sie also so wie immer herstellen.

Schokoladenglasuren

Die Kakaoqualität spielt für den Geschmack eine große Rolle. Reine Schokolade wird dabei matt. Erst durch Zugabe von Fett, zum Beispiel Kokosfett, wird sie glänzend, was wiederum den feinen Geschmack der Schokolade mindert.
Schokolade darf nur vorsichtig geschmolzen werden. Dafür einen kleinen Topf mit der Schokolade in heißes Wasser stellen. Meistens ist Aufkochen nicht nötig. Ein Wechsel des heißen Wassers nach wenigen Minuten reicht schon aus. Schokolade wird krümelig, wenn sie zu heiß wird.

Alkohol in der Glasur

Aufgrund der niedrigen Temperatur beim Schmelzen der Schokolade verflüchtigt sich der Alkoholgehalt nicht. Daher ist eine solche Glasur für Kinder und alle, die keinen Alkohol zu sich nehmen dürfen, ungeeignet.

Kuchen backen

Schokoraspel

Schokolade zur Dekoration an- oder einfrieren und raspeln. Dafür eignet sich die Gemüsereibe oder auch ein Sparschäler.

Puderzuckerglasur

Eine Zuckerglasur lässt sich ganz einfach herstellen. Der Puderzucker muss durchgesiebt werden. Dann kommen nur ein paar Tropfen Flüssigkeit dazu. Umrühren und fertig ist die Glasur. Mit warmem Wasser zubereitet und auf dem warmen Kuchen verteilt, wird die Glasur am schönsten.
Allerlei »Färbe- und Geschmackstipps« finden Sie im Kapitel über Plätzchen. Für einen Kuchen mit einem Durchmesser von 26 bis 28 cm benötigen Sie etwa 250 g Puderzucker. Die Flüssigkeit wird nur teelöffelweise zugefügt.

Marzipandekoration

Aus Marzipanfertigmasse können Sie kleine Figuren formen oder ausstechen, um Kuchen oder Torten damit zu dekorieren. Ein Marzipanrezept zum Selbermachen finden Sie im Plätzchenkapitel auf Seite 102. Zum Ausstechen die Masse am besten zwischen Backpapier auswellen. So klebt sie nicht am Nudelholz oder der Flasche.

Schablonen für die Dekoration

Herzen, Sterne oder andere Figuren aus Papier ausschneiden, auf den Kuchen legen und Zimt oder Puderzucker durch ein Sieb darüber stäuben. Das Papier anschließend vorsichtig entfernen. Das gelingt am besten auf einer fest gewordenen Glasur. Bei Nichtgelingen lässt sich die Dekoration wegpusten. Sieht toll aus, erfordert aber etwas Übung.

Glasierte Nüsse

Nüsse glasiert oder »gebrannt« schmecken köstlich und sind dekorativ. Ein Rezept dazu finden Sie im Kapitel »Naschen ohne Backen«, Seite 103/104, Gebrannte bzw. Kandierte Mandeln.

Rezepte für Kuchen

Apfelkuchen mit Ei

Teig:
125 g Margarine
125 g Zucker
200 g Vollkornreismehl
1 gestrichener Teelöffel Guarkernmehl
3 Eier, ½ Päckchen Backpulver
1 TL Zimt, 1 kleine Prise Salz
Belag:
3 bis 4 Äpfel

Die Eier kurz in einer Extraschüssel verquirlen. Die Margarine mit dem Zucker, Zimt sowie Salz verrühren und die Eier hinzufügen. Das Mehl unterrühren und den Teig abschmecken. Ist er süß genug, das Backpulver gut einrühren. Den Teig in einer gefetteten Springform verteilen und mit Apfelscheiben belegen. Bei 160 °C Heißluft im vorgeheizten etwa 30 Minuten backen.

Mandel-Apfelkuchen mit Ei

Teig:
3 Eier, 125 g Margarine
100 g Rohrohrzucker
3 EL Zuckerrübensirup
230 g Schär Mehlmix C, 1 Prise Salz
Belag:
200 g gestiftelte Mandeln
4 EL Rohrohrzucker
2 große Äpfel

Die Eier kurz in einer Extraschüssel verquirlen. Die Margarine mit dem Zucker, dem Zuckerrübensirup sowie dem Salz verrühren und die Eier hinzufügen. Das Mehl unterrühren und den Teig abschmecken. Ist er süß genug, das Backpulver gut einrühren. Den Teig in einer gefetteten Springform verteilen, mit Mandeln und grob gehobelten Äpfeln belegen und den Zucker darüberstreuen. Den Kuchen im vorgeheizten Backofen bei 160 °C Heißluft etwa 30 Minuten backen.

Kuchen backen

Marmorkuchen mit Ei

125 g Margarine
125 g Rohrohrzucker
3 Eier
200 g Vollkornreismehl, fein
20 g Maisstärke
3 MSP Guarkernmehl
1 Prise Salz
Für den dunklen Teiganteil:
1 EL Zuckerrübensirup
2 EL Kakao

Die Eier kurz in einer Extraschüssel verquirlen. Die Margarine mit Zucker und Salz verrühren und die Eier hinzufügen. Das Mehl unterrühren und den Teig abschmecken. Ist er süß genug, das Backpulver gut einrühren. Den Teig halbieren. Die eine Hälfte unverändert lassen und in die zweite Hälfte den Kakao und den Zuckerrübensirup einrühren. Je nach Geschmack können Sie mehr Kakao und Zuckerrübensirup verwenden. Beide Teige abwechselnd in eine gefettete kleine Kastenform oder eine Müslischüssel füllen und im vorgeheizten Backofen bei 160 °C Heißluft etwa 50 Minuten backen.

Dattelbrot

15–20 Datteln
250 g Schär Mehlmix B
2 g Salz
10 g Trockenhefe
200 ml Reisdrink
1 EL Zuckerrübensirup

Die Datteln klein schneiden und zusammen mit allen anderen Zutaten zu einem Teig verrühren. Diesen Teig mehrere Stunden aufgehen lassen und in einer mit Backpapier ausgelegten kleinen Kastenform im vorgeheizten Backofen bei 160 °C etwa 50 Minuten backen.

Feigenbrot

    10 getrocknete Feigen
    250 g Schär Mehlmix B
    2 g Salz
    10 g Trockenhefe
    200 ml Reisdrink

Die Feigen ganz klein schneiden und zur Seite legen.
Alle anderen Zutaten zu einem Teig verrühren. Diesen Teig mehrere Stunden aufgehen lassen, mit den Feigenstückchen verrühren und in einer mit Backpapier ausgelegten kleinen Kastenform im vorgeheizten Backofen bei 160 °C etwa 50 Minuten backen.

Früchtebrot

    100 g Weinbeeren oder Rosinen
    100 g Trockenpflaumen
    50 g getrocknete Apfelstücke
    500 g Glutano Mix it Universalmehl
    42 g Frischhefe (1 Würfel)
    50 g Rohrohrzucker
    1 EL Zimt
    1 EL Kakao
    1 MSP Bourbon-Vanille
    ½ TL Salz
    350 ml Reisdrink

Die Trockenpflaumen und Apfelstücke klein schneiden und mit den Weinbeeren zur Seite legen.
Alle anderen Zutaten zu einem Teig verrühren und erst zum Schluss das Trockenobst einrühren Diesen Teig 4 Stunden aufgehen lassen, in eine mit Backpapier ausgelegte kleine Kastenform füllen und dort erneut 2 Stunden aufgehen lassen. Im vorgeheizten Backofen etwa 50 Minuten bei 180 °C backen.

Kuchen backen

Fettarme Brownies

    40 g Zartbitterschokolade
    200 g Schär Mehlmix C
    100 g Rohrohrzucker
    100 g Margarine
    1 kleine Prise Salz
    50 g Kakao
    200 ml Reisdrink

Die Zartbitterschokolade klein hacken und zusammen mit den anderen Zutaten zu einem Teig verarbeiten. Diesen Teig 5 cm hoch in eine gefettete Backform füllen. Ich habe dafür eine viereckige Schale aus Alufolie geformt und alternativ etwas Teig in mehrere Ausstechformen verteilt, die auf dem Backblech liegen. Beides ging gut.
Im vorgeheizten Backofen bei 180 °C etwa 30 Minuten backen.

Brownies

    50 g Zartbitterschokolade
    100 g Margarine
    130 g Rohrohrzucker
    1 kleine Prise Salz
    30 g Reismehl
    50 g Kakao
    1 EL Guarkernmehl

Die Schokolade in kleine Stücke hacken, zusammen mit den restlichen Zutaten zu einem Teig verarbeiten und diesen 5 cm hoch in eine gefettete Backform füllen. Ich habe dafür eine viereckige Schale aus Alufolie (ca. 10 x 20 cm) geformt und den Teig darin verteilt. Es gibt auch Keramikformen, die ungefähr dieselbe Abmessung haben und sich sehr gut zum Backen eignen.
Im vorgeheizten Backofen bei 160 °C etwa 30 Minuten backen und danach einen Tag stehen lassen. Erst dann aufschneiden. Die Brownies waren zwar etwas krümelig, aber sie schmeckten so köstlich, dass ich mit der schlechten Konsistenz gut leben konnte.

Brownies mit Sirup

    40 g Zartbitterschokolade
    100 g Margarine
    130 g Rohrohrzucker
    30 g Reismehl, fein
    1 Prise Salz
    1 MSP Bourbon-Vanille
    50 g Kakao
    15 g Guarkernmehl
    30 ml Zuckerrübensirup
    20 ml Agavendicksaft

Die Schokolade in kleine Stücke hacken, zusammen mit den restlichen Zutaten zu einem Teig verarbeiten und diesen 5 cm hoch in eine gefettete Backform füllen, evtl. aus Alufolie wie nebenstehend beschrieben.
Im vorgeheizten Backofen bei 160 °C etwa 30 Minuten backen. Erst nach dem Erkalten aufschneiden.
Diese Brownies schmecken sehr aromatisch. Ihre Konsistenz ist durch den Sirup etwas anders als bei den anderen Rezepten.

Ingwerbrownies

    2 cm Ingwerstück
    50 g Margarine
    30 g Kakao
    20 g Schär Mehlmix C
    10 g Zuckerrübensirup
    40 g Rohrohrzucker
    3 g Trockenhefe
    1 gehäufter TL Guarkernmehl

Das Ingwerstück schälen, durch eine Knoblauchpresse drücken und zusammen mit allen weiteren Zutaten zu einem Teig verarbeiten. Diesen 5 cm hoch in eine Backform füllen. Ich habe dafür eine viereckige »Schale« aus Alufolie geformt und den Teig darin verteilt.
Im vorgeheizten Backofen bei 160 °C etwa 30 Minuten backen. Erst nach dem Erkalten aufschneiden.

Zwetsch(g)enkuchen

Teig:
100 g Buchweizen
100 g Vollkornreis
100 g Schär Mehlmix C
1 Prise Salz, 1 MSP Vanille
20 g Trockenhefe
3 g Guarkernmehl
20 ml Rapsöl
50 ml Agavendicksaft
250 ml Reisdrink
Belag:
500 g Zwetsch(g)en, entsteint gewogen

Den Buchweizen und Reis fein mahlen, zusammen mit den restlichen Zutaten zu einem Teig verarbeiten und diesen einige Stunden aufgehen lassen.
Den Teig auf einem mit Margarine oder Rapsöl eingefetteten Backblech verteilen und mit den Früchten belegen. In den kalten Ofen stellen und etwa 30 bis 40 Minuten bei 160 °C backen.

Zwetsch(g)enkuchen

Teig:
100 g Buchweizen
200 g Vollkornreis
5 g Guarkernmehl
100 g Rohrohrzucker/Rohrzucker
1 El Zuckerrübensirup
20 g Trockenhefe
1 Prise Salz
250 ml Reisdrink
50 g Margarine
Belag:
2 kg Zwetsch(g)en mit Steinen

Den Buchweizen und Reis fein mahlen, zusammen mit den restlichen Zutaten zu einem Teig verarbeiten und diesen einige Stunden aufgehen lassen. Die Zwetsch(g)en entsteinen.

Rezepte für Kuchen

Den Teig auf einem mit Margarine eingefetteten Backblech verteilen, dafür die Handinnenfläche einölen und mit den Zwetschen dicht an dicht stehend belegen. In den kalten Ofen stellen und etwa 30 bis 40 Minuten bei 160 °C backen.

Zwetsch(g)enkuchen mit Zwieback

Teig:
200 g Vollkornreismehl, grob
100 g Vollkornreismehl, fein
6 g Guarkernmehl
1 Päckchen Backpulver, 1 Prise Salz
70 g Margarine
250 g Reisdrink
100 g Rohrohrzucker/Rohrzucker
Belag:
5 Zwieback
2 kg Zwetsch(g)en mit Steinen
4 El Rohrohrzucker

Den Buchweizen und Reis fein mahlen, zusammen mit den restlichen Zutaten zu einem Teig verarbeiten und diesen einige Stunden ruhen lassen. Die Zwetsch(g)en entsteinen.
Den Teig auf einem mit Margarine eingefetteten Backblech verteilen, mit zerbröseltem Zwieback und anschließend mit den Zwetsch(g)en dicht an dicht stehend belegen. In den kalten Ofen stellen und etwa 30 bis 40 Minuten bei 160 °C backen.

Zwetsch(g)enkuchen aus Fertigmehl

Teig:
150 g Schär Mehlmix C
150 g Schär Mehlmix B
20 g Trockenhefe, 1 Prise Salz
100 g Rohrohrzucker
1 MSP Bourbon-Vanille, 1 TL Kakao
3 EL Rapsöl, 230 ml Reisdrink
Belag:
2 kg Zwetsch(g)en

Bitte umblättern

Kuchen backen

Aus allen Zutaten einen Teig zubereiten und diesen einige Stunden gehen lassen. Die Zwetsch(g)en entsteinen.
Den Teig auf einem Backblech auswellen oder von Hand verteilen und mit den Zwetsch(g)en belegen. Der Boden ist dünn und fest.

Zwetsch(g)enkuchen aus Reismehl

Teig:
500 g Reismehl
5 g Guarkernmehl
150 g Rohrohrzucker
400 ml Sojatrunk/Reisdrink
50 ml Sonnenblumenöl
20 g Trockenhefe
1 TL Salz
Belag:
80 g Margarine
100 g Vollrohrzucker
100 g feines Reismehl
1 g Guarkernmehl
2 kg Zwetsch(g)en

Aus Mehl, Hefe, Milch, Öl und Salz einen Teig kneten und 1 bis 1½ Stunden aufgehen lassen. Die Zwetsch(g)en ensteinen.
Den Teig kurz durchkneten, auf einem mit Backpapier ausgelegten Backblech verteilen, mit den Zwetsch(g)en belegen und 15 Minuten ruhen lassen.
Aus kalter Margarine, die nicht aufgelöst wurde, Mehl, Guarkernmehl und Zucker, am besten mit kalten Händen oder mithilfe eines Messers einen bröseligen Teig (Streusel) herstellen. Die Streusel auf den Früchten verteilen und den Kuchen in den Backofen schieben und bei 180 °C etwa 50 Minuten backen.

Streuselteigkuchen

Teig:
250 g Margarine
400 g Schär Mehlmix C
300 g Rohrohrzucker/Rohrzucker
1 TL Zimt, 1 Prise Salz
1 MSP Bourbon-Vanille
½ Päckchen Backpulver
Belag:
2 kg Zwetsch(g)en/Pflaumen und ⅓ des obigen Teigs

Aus den Teigzutaten einen Streuselteig herstellen, der zugleich auch der Boden ist. Das geht am besten von Hand. Drei Viertel des Teigs auf einem eingefetteten Backblech verteilen, was etwas mühsam, aber lohnend ist. Den Teig mit den entsteinten Früchten und Streuseln belegen. Das übrige Viertel des Teigs ist für die Streusel bestimmt. Ich lege es solange in das Gefrierfach des Kühlschranks, bis ich mit dem Entsteinen fertig bin und den Teig belegt habe. Das erleichtert die Arbeit. Der Kuchen wird bei 160 °C etwa 40 Minuten gebacken und schmeckt am besten einen Tag danach.

Crumble

3 große Äpfel
Saft von 1 Zitrone, 1 TL Zimt
Belag:
80 g Vollkornreismehl, fein
1 gestrichener El Guarkernmehl
80–100 g Rohrohrzucker
80 g Margarine

Die Äpfel schälen, in grobe Stücke schneiden und ohne Teig als Boden in eine Auflaufform füllen. Mit Zitrone beträufeln und mit Zimt bestreuen. Aus Reismehl, Guarkernmehl, Zucker und Margarine einen Streuselteig (wie oben beschrieben) herstellen, der über die Äpfel verteilt wird.
Nach einer Backzeit von 30 bis 40 Minuten bei 160 °C (vorgeheizt) ist eine typisch englische Nachspeise fertig. Crumble kann aus allen Obstsorten – vorzugsweise natürlich Obst der Saison – gebacken werden. Ich kann mich nicht entscheiden, ob ich es warm oder in Zimmertemperatur lieber mag.

Apfel-Zitronen-Crumble

>5 mittlere Äpfel
>Saft von 2 Zitronen
>40 g Mandelsplitter
>3 Feigen
>*Belag:*
>100 g Margarine
>100 g Rohrohrzucker
>150 g Schär Mehlmix C
>1 Prise Salz, 5 g Zimt
>1 MSP Bourbon-Vanille
>1 TL Kakao

Die Äpfel schälen, in grobe Stücke schneiden, die Feigen klein schneiden, die Zitronen auspressen und alle drei Zutaten vermischt in eine Auflaufform füllen. Aus den Zutaten für den Teig einen Streuselteig (s. S. 81) herstellen, der über die Äpfel verteilt wird.
30 bis 40 Minuten im vorgeheizten Backofen bei 160 °C backen. Ein Genuss – vor allem in der Vorweihnachtszeit!

Hefe-Rosinenbrot

>500 g Reismehl, 5 g Guarkernmehl
>20 g Trockenhefe, 1 TL Salz
>100 g Zucker, etwa 350 ml Reisdrink
>70 ml Sonnenblumenöl
>2 EL Tahin (Sesammus)
>2 Tassen Rosinen
>1 Tasse Sesam

Aus allen Zutaten einen Teig rühren – dabei die Rosinen noch nicht unterrühren – und diesen 2 bis 3 Stunden aufgehen lassen. Erst vor dem Backen die Rosinen unterkneten.
Den kompletten Teig in eine kleine mit Backpapier ausgelegte Kastenform füllen und etwa 60 Minuten in dem auf 160 °C vorgeheizten Ofen backen. Vor dem Backen drücke ich allerdings mit einem Finger die Rosinen nach unten, die oben aus dem Teig ragen, denn diese verbrennen sonst und würden den Geschmack verderben.

Rezepte für Kuchen

Dattelkuchen

>500 g Reismehl
>knapp 600 ml Reisdrink
>1½ Beutel Backpulver
>1 TL Salz
>300 g getrocknete Datteln aus Nordafrika

Aus Mehl, Backpulver, Reisdrink und Salz einen Teig kneten. Guarkernmehl ist nicht notwendig, da die Datteln kleben.
Die Datteln so klein wie möglich schneiden oder besser durch einen Fleischwolf drehen und kurz vor dem Backen unterkneten. Datteln aus Kalifornien sind zu klebrig, für meinen Geschmack zu süß und für dieses Rezept ungeeignet.
In einer mit Backpapier ausgelegten Kastenform etwa 60 Minuten in dem auf 160 °C vorgeheizten Ofen backen.

Fettgebackenes

>Erdnussöl zum Frittieren
>*Teig:*
>300 g Reismehl
>3 g Guarkernmehl
>10 g Backpulver
>1 Prise Salz
>270 ml Reisdrink
>1 EL Honig
>*Zum Verfeinern:*
>Honig, Ahornsirup, Zuckerrübensirup, Marmelade oder Agavendicksaft

Frittierfett in einer Fritteuse erhitzen. Die Menge richtet sich nach der Topfgröße, muss aber so reichlich bemessen sein, dass die Teigkugeln schwimmend ausgebacken werden können.
Alle Zutaten zu einem relativ festen Teig verarbeiten. Mit zwei in Fett eingetauchten Esslöffeln kleine Kugeln aus dem Teig stechen und in das heiße Fett geben. Die schwimmenden Kugeln nach 1 bis 2 Minuten durch Schubsen und Drehen weitere 1 bis 2 Minuten frittieren. Sie schmecken heiß am besten. Nach Geschmack mit Sirup oder Honig beträufeln oder mit Puderzucker (selbstgemacht s. S. 64) bestäuben.

Kuchen backen

Früchtekuchen

    1 Päckchen Frischhefe
    380 ml Reisdrink
    20 ml Rapsöl
    100 g Vollkornreismehl
    400 g Schär Mehlmix B
    50 g Rohrohrzucker
    ½ TL Salz
    1 MSP Guarkernmehl
    1 kleine Tasse Rosinen
    ca. 10 Datteln
    ca. 5 Feigen

Die Frischhefe in den flüssigen Zutaten auflösen und mit den Mehlen, dem Salz und dem Guarkernmehl zu einem Teig verkneten. Die Rosinen und die kleingeschnittenen Trockenfrüchte, die Sie nach Belieben durch andere ersetzen können, unterkneten. Den Teig ein paar Stunden aufgehen lassen, in eine mit Backpapier ausgelegte Kastenform füllen und im vorgeheizten Backofen bei 180 °C etwa 60 Minuten backen.

Tipp:
Früchtekuchenschnitten kurz toasten und mit etwas Margarine bestreichen. Dann schmecken sie besonders gut.

Plätzchen backen

Allgemeines

Plätzchen kann man das ganze Jahr essen. Glutenfreie enthalten oft Milchprodukte und sind teuer. Warum also nicht gelegentlich ein paar Bleche backen und in einer Keksdose bevorraten? Die Plätzchen sind lange haltbar und haben mich schon manchmal gerettet, wenn wir zum Kaffee eingeladen waren und ich keinen Kuchen zur Verfügung hatte. Bei Ausflügen ist in meiner Handtasche immer eine kleine Dose mit ein paar Plätzchen, man weiß ja nie…

Spartipps fürs Plätzchenbacken

Flasche zum Ausrollen

Statt eines Nudelholzes kann man eine vom Etikett befreite Flasche mit gerader Form zum Ausrollen benutzen.

Glas statt Ausstechformen

Wenn die Formen der Plätzchen nicht so wichtig sind, geht das Ausstechen auch wunderbar mit einem Trinkglas. Mit etwas Übung ist der Teig schnell aus dem Glas auf dem Backblech platziert.

Plätzchen backen

Papier mehrfach verwenden

Früher, als es noch kein Backpapier gab, wurde das Backblech mit der restlichen Butter aus dem Butterpapier eingefettet. Das Backpapier benötigt kein zusätzliches Fett und kann mehrmals verwendet werden.

Vanillezucker selbst herstellen

Echte Bourbon-Vanille ist lecker, aber teuer. Der Wohlgeschmack ist im Mark der Schote enthalten. Nach dem Ausschaben verbleibt noch genug Aroma in der Stange, die man in Zucker einlegt und diesen so nach Monaten in eine Köstlichkeit verwandelt.

Puderzucker selbst herstellen

Gerade in der Plätzchenbäckerei sind feiner Zucker und Puderzucker gefragt. Zucker einfach auf einem Holzbrett mit einem Nudelholz oder einer Flasche überrollen, wobei der Zucker zerkleinert wird. Durch ein feines Sieb gesiebt, bleibt der grobe Zucker zurück, was durchfällt, ist Puderzucker.
Auch mithilfe eines Pürierstabs lässt sich Zucker zu Puderzucker zerkleinern. Dabei muss die Schüssel mit einem trockenen Tuch abgedeckt werden.

Auf einmal backen

Da die meisten Teige eifrei sind, passiert nichts, wenn man sie im Kühlschrank aufbewahrt.
So hat es Sinn, alle Teige auf einmal herzustellen, sie aufzubewahren und dann zusammen zu backen. Das spart Strom. Bei Heißluft passen zwei bis drei Backbleche gleichzeitig in den Backofen.

Allgemeine Tipps fürs Plätzchenbacken

Teig abschmecken

Jeden Teig sollte man abschmecken. Sind genug Gewürze darin? Ist er süß genug? Da die meisten Rezepte kein geschmacksverfälschendes Backpulver enthalten, ist der Geschmack einfach festzustellen. Teige mit Backpulver besser zuerst abschmecken und dann das Backpulver unterkneten.
Wenn Plätzchen, vor allem in der Weihnachtszeit, mit Guss überzogen oder anderweitig verziert werden, sind sie dadurch süßer. Daher empfiehlt es sich, den Teig weniger süß abzuschmecken.

Gewürze

Gewürze gehören zu Weihnachtsplätzchen einfach dazu. Die etwas weniger würzigen schmecken das ganze Jahr über. Fertig gekaufte glutenfreie Plätzchen sind so teuer, dass es sich lohnt, gelegentlich ein paar auf Vorrat zu backen, denn sie lassen sich ganz einfach aufbewahren. Ist man spontan eingeladen, reicht der Griff in die Keksdose und schon sitzt man nicht vor einem leeren Teller, wenn alle anderen »normales« Gebäck bekommen. Plätzchen lassen sich auch problemlos in einer Dose oder Tüte mitnehmen.
Alle Gewürze sind natürlich frisch zerrieben am schmackhaftesten.
- **Anis** und **Sternanis**, zwei ähnliche Gewürzpflanzen, schmecken beide aromatisch und gehören zur Weihnachtsbäckerei. Die kleinen Kerne lassen sich gut im Mörser zerreiben.
- **Kardamom** schmeckt leicht süßlich-scharf und gehört in Lebkuchen und andere Gewürzplätzchen. Die Schale einfach entfernen und die braunen kleinen Früchte mit dem Möser zerkleinern.
- Gutes **Kakaopulver** gehört in jede Plätzchenbackstube.
- Eine kleine Menge **Muskat** darf in keinen Gewürzplätzchen fehlen.
- **Nelke** in kleiner Menge trägt zum guten Geschmack bei. Doch Vorsicht, zu viel verdirbt die Plätzchen.
- Die Schale von **Zitrusfrüchten**, fein abgeraspelt auf der Zuckerglasur verteilt oder im Plätzchen, ergibt einen fruchtigen Geschmack.
- **Bourbon-Vanille** ist für viele ein Lieblingsgewürz. Langwierig und kompliziert in der Verarbeitung nach der Ernte, kann echte Vanille nicht billig sein. Sie darf in keinem süßen Kuchen oder Gebäck fehlen, doch eine gute Qualität ist die Voraussetzung.

Plätzchen backen

- **Zimt**, geschmacksintensiv und wichtig gerade für die Winterzeit, gehört in viele Rezepte. Zimt kann man gemahlen kaufen. Ungemahlen, also als Stange, dient er eher zur Dekoration.
- **Ingwer** ist scharf, doch in der richtigen Dosierung sehr passend zu Plätzchen.
- **Koriandersamen** schmecken völlig anders als das Kraut. Für den nussigen Geschmack müssen sie frisch im Möser zerkleinert werden.
- **Piment** schmeckt scharf und würzt, in kleiner Menge hinzugefügt, vielerlei Weihnachtsgebäck.
- **Pfeffer** in geringer Menge passt zu Gewürzgebäck.

Teig ausrollen

Teig lässt sich ganz leicht und wunderbar zwischen zwei Lagen Backpapier ausrollen. Ausgestochene Formen lösen sich dann auch einfacher vom Untergrund. Dafür einfach mit einem breiten Messer den Teig abheben.

Glasuren

Glasuren sind oft zu süß. Ich habe trotzdem einige ausprobiert. Vor allem Menschen mit Diabetes Typ 2 (Altersdiabetiker) sollten besser darauf verzichten.
Kombinieren Sie Plätzchen mit einer Glasur Ihrer Wahl. Die nötige Menge lernt man schnell zu schätzen. Alkohol in einer Glasur verflüchtigt sich nicht und ist deshalb für Kinder, trockene Alkoholiker und Menschen, die keinen Alkohol mögen, ungeeignet.

Zucker zum Dekorieren

Einige Plätzchen werden vor dem Backen mit grobem Zucker bestreut oder nach dem Backen noch warm in Zucker gewälzt.
- Braunen Zucker vor dem Backen darüberstreuen.
- Hagelzucker darübergestreut sieht lustig aus.
- Feiner Backzucker ist gut geeignet, um die Plätzchen darin zu wälzen.
- Puderzucker nach dem Backen darübersieben.

Backzeit

Die meisten Plätzchen werden bei etwa 150° bis 160°C und Heißluft im vorgeheizten Backofen gebacken. Die Zeit liegt zwischen 10 und 15 Minuten. Danach die Plätzchen zum Auskühlen auf einen Gitterrost legen.

Plätzchen befeuchten

Sind Plätzchen zu trocken geworden, kann man sie sehr gut mit einem halbierten Apfel befeuchten. Dieser wird für ein paar Tage mit in die Keksdose gelegt. Der Apfel wird trockener und die Plätzchen feucht.

Plätzchen aufbewahren

Die gute alte Keksdose ist immer noch die beste Möglichkeit. Die Plätzchen müssen aber kalt, die Glasuren und Verzierungen fest sein. Manche Dose hat schon ein paar Altersspuren, was aber nichts ausmacht, denn wenn man ein Brotpapier einlegt, schützt das die Plätzchen.
Trockene und feuchte Plätzchensorten müssen getrennt werden, ebenso würde ich sehr würzige in eine Extradose füllen.

Weitere Tipps

finden Sie auch im Kapitel auf Seite 71 ff.

Mehle und Backzutaten für Plätzchen

Mehle, Stärke

Für die Mehlsorten gilt das, was auch für Kuchen gilt. Je feiner das Mehl, desto besser.
Zusätzlich enthalten einige Rezepte gemahlene Nüsse. Mandeln können dabei selbstverständlich auch gegen Haselnüsse ausgetauscht werden.

Plätzchen backen

Süßmittel

Auch hier unterscheiden sich die Süßmittel nicht von denen im Kuchen. Einige Rezepte werden nur mit Honig oder Sirup zubereitet.
- **Honig** ist sehr süß und verliert leider durch das Backen seine gesunden Vitamine. Trotzdem: Honig schmeckt in Plätzchen aromatisch und lecker. Dabei kann die Honigsorte entscheidend sein. Experimentieren Sie selbst.
- **Zuckerrübensirup** hat einen starken Eigengeschmack und süßt nicht ganz so intensiv. In Nordamerika wird viel mehr mit Sirup gesüßt als hier.
- **Rohrzucker**, **Rohrohrzucker** und **Ursüße** werden nicht aus der Zuckerrübe, sondern aus Zuckerrohr gewonnen und schmecken aromatischer als Haushaltszucker. Alleine der Gebrauch von Rohrohrzucker kann schon den Geschmack verfeinern.
- **Agavendicksaft** und Ahornsirup verfeinern den Geschmack ebenfalls und reichen schon als Teil des Süßmittels.
- **Ahornsirup** gibt es in den Qualitäten A, B und C, wobei meistens »A« angeboten wird, was bedeutet, dass es der zuerst aus dem kanadischen Ahornbaum geflossene Saft ist. Ahornsirup süßt stark und ist besonders aromatisch.
- **Stevia** süßt extrem stark, ist aber geschmacklich nicht jedermanns Sache (s. S. 70).
- **Fruchtzucker** sollte man nicht verwenden, denn er gilt als schädlich für die Leber. Für Diabetiker ist alternativ der Agavendicksaft besser, denn darin ist natürlicher Fruchtzucker enthalten, der von Diabetikern günstiger verstoffwechselt wird.

Glasuren

Zuckerglasur

>Puderzucker
>Wasser

Dem gesiebten Puderzucker tropfenweise Flüssigkeit zugeben, verrühren und auf den Plätzchen verteilen. Farbe und unterschiedliche Aromen erhalten Glasuren durch nachfolgende natürliche Stoffe:

Glasuren

- **Grüner Tee:** Der Tee färbt nur wenig. Es gibt aber japanisches Teepulver (Matcha) für die Teezeremonie, das ein etwas intensiveres Grün ergibt.
- **Instant-Kaffeepulver:** Schon wenige Krümel in Wasser aufgelöst, was sehr einfach ist, ergeben ein dunkles Braun mit intensivem Geruch und Geschmack.
- **Kaffee, Espresso, Mokka:** Ein etwas milderes Aroma und ein helleres Braun erreicht man, wenn man zubereiteten Kaffee verwendet.
- **Kakao:** Der braune Klassiker. Schon eine geringe Menge reicht für Geschmack und Farbe aus.
- **Karotte:** Geriebene Karotte mit etwas Wasser verrühren. Dieses Wasser ergibt in der Glasur ein zartes Orange.
- **Orangensaft:** Erstaunlicherweise reicht schon eine geringe Menge, um einen Orangengeschmack und eine schöne gelbe Farbe zu erreichen.
- **Rote Bete:** Ein kleines Stück reiben, wenige Teelöffel Wasser dazugeben, durchsieben und diesen Saft dem Puderzucker hinzufügen. Ergibt ein tolles Knallrosa.
- **Rum, Weinbrand, Likör:** Färbt, riecht und schmeckt je nach Alkoholsorte.
- **Safran:** Ein paar Fäden verrieben und in einem Teelöffel Wasser aufgelöst, verleihen der Glasur ein zartes Gelb.
- **Sauerkirschsaft** färbt rosa bis rot und schmeckt intensiv.
- **Zimt** passt zu vielen Weihnachtsplätzchen und färbt braun.
- **Zitrone** färbt nicht, gibt der Glasur aber einen frischen Geschmack.

Noch ein paar Glasurtipps

- Glanz erreicht man durch warme Glasuren auf warmen Plätzchen. Das bedarf einiger Übung und muss schnell gehen.
- Damit die Glasur in den Arbeitspausen nicht fest wird, einfach eine Klarsichtfolie direkt auf die Glasur legen.
- Aufgetragen wird die Glasur mit einem Löffel, Spatel oder Pinsel.
- Natürlich lassen sich Glasuren mischen. Wird dies direkt hintereinander gemacht, können Sie mithilfe eines Zahnstochers lustige Muster erzielen. Beispielsweise die erste Glasur auf dem ganzen Plätzchen verteilen und von der zweiten Glasur Streifen darüber auftragen. Mit einem Zahnstocher dann im rechten Winkel zu den Streifen mehrfach durch die Glasur streichen.
- Mehrere Glasuren können auch jeweils nach dem Trocknen aufgetragen werden.
- Streifen mit einer Spritztüte oder einer Spritze, die man preiswert in der Apotheke bekommt, auf den Plätzchen verteilen.

- Spritztüten können mit etwas Geschick aus Backpapier selbst geformt werden. Einfacher ist ein winziges Loch in einer Plastiktüte.

Schokoladenglasur

- Zartbitterschokolade solo oder kombiniert mit anderer Schokolade ist der Klassiker. Sie ist allerdings glanzlos, wenn man sie pur verwendet. Durch Zugabe von Kokosfett wird die Glasur glänzender, ändert aber auch ihren intensiven Schokoladengeschmack.
- Milchschokolade eignet sich ebenfalls, diese würde ich aber nicht mit anderem Fett vermischen.
- Glasur aus weißer Schokolade schmeckt ebenfalls lecker.
- Schokoglasuren lassen sich auch mit Kakao und Kokosfett herstellen. Schokolade finde ich aber schmackhafter.

Dekoration

Feuchte Glasuren lassen sich noch zusätzlich verzieren. Dafür eignen sich beispielsweise:
- **Kokosflocken.** Sie sollten aber geschmacklich dazu passen.
- **Nüsse.** Hasel- und Walnüsse mit Haut und Mandeln vorzugsweise ohne Haut.
- Dünne Streifen von **Limonenschale.** Sie verzieren vor allem eine hellgrüne Teeglasur.
- **Mandelsplitter.** Sie passen gut zur Zartbitterschokolade.
- **Zimt.** Es sieht vor allem gut aus, wenn man ihn nicht großflächig aufstreut, sondern nur eine Ecke, einen Streifen oder mit einer Papierschablone eine Figur.
- **Kakaopulver.** Es verziert dekorativ, auch wenn es nicht großflächig aufgebracht wird.
- **Puderzucker.** Auch ihn am besten nur partiell auftragen.
- **Hagelzucker.** Ein paar wenige Körner auf dunkler Schokolade können lustig aussehen, vor allem, wenn sie gezielt aufgelegt werden.
- **Schokoraspel.** Auf den heißen Plätzchen ergeben sie Schokoladenpunkte.

Eiweißglasur

> Eiweiß, Puderzucker

Eiweiß schaumig schlagen und etwas Puderzucker hinzufügen. Diese weiße Masse auf dem Teig verteilen und mit den Plätzchen backen. Schmeckt vor allem als Glasur für die folgenden Mandelhäufchen.

Plätzchenrezepte

Mandelhäufchen mit Eiweiß

> 4 Eiweiß
> 200 g gemahlene Mandeln
> 2 TL Zimt, 100 g Zucker
> glutenfreie Oblaten

Eiweiß schaumig schlagen, Zucker und Zimt einrühren und die gemahlenen Mandeln dazugeben. Auf Oblaten verteilen und bei 130 bis 150 °C (vorgeheizt) etwa 20 bis 35 Minuten eher trocknen als backen. Eventuell vor dem Backen eine Delle in die Mitte drücken und mit gezuckertem Eischnee befüllen.

Wespennester

> 4 Eiweiß, 200 g gemahlene Mandeln
> 100 g Rohrohrzucker
> je 1 Prise Zimt und gemahlene Nelken
> 1–2 MSP Bourbon-Vanille
> 60 g geriebene Zartbitterschokolade
> glutenfreie Oblaten

Eiweiß schaumig schlagen, Zucker und Gewürze sowie die geriebene Schokolade einrühren und die gemahlenen Mandeln dazugeben. Auf Oblaten verteilen und bei 130 bis 150 °C (vorgeheizt) etwa 20 bis 35 Minuten eher trocknen als backen. Eventuell vor dem Backen eine Delle in die Mitte drücken und mit gezuckertem Eischnee befüllen.

Plätzchen backen

 Eierplätzchen

4 Eier
150 g Rohrohrzucker
1 kleine Prise Salz
230 g Schär Mehlmix C
Für die Hälfte des Teigs:
2 El Kakao
2 EL Zuckerrübensirup

Die Eier schaumig schlagen, Zucker und Salz hinzufügen. Wenn sich der Zucker weitgehend aufgelöst hat, das Mehl dazugeben. Den Teig halbieren und die zweite Hälfte mit Kakao und Zuckerrübensirup anreichern.
Von beiden Teigen jeweils etwas in einen Spritzbeutel füllen und kleine Häufchen auf ein mit Backpapier ausgelegtes Backblech setzen.
Im vorgeheizten Ofen bei 160 °C knapp zehn Minuten backen. Die hellen und dunklen Plätzchen ergeben eine lustige Mischung.

Einfache Plätzchen   *verlaufen während Backen*

100 g Margarine   50 Mehl
100 g Rohrohrzucker   50 Zucker
100 g Reismehl, fein   30 Reismehl
1 Prise Salz   30 Maismehl
2 MSP Bourbon-Vanille
3 g Guarkernmehl (1 gestrichener TL)
Für ⅓ des Teigs:
1 EL Kakao
1 EL Zuckerrübensirup

In die Margarine den Zucker, das Mehl, Guarkernmehl, Salz und Vanille einkneten, was am besten mit den Händen geht. Ein Drittel des Teigs mit Kakao und Zuckerrübensirup anreichern und mit dem restlichen Teig vermischt zu zwei Rollen formen. Dabei soll der Teig noch zweifarbig sein. Die Rollen in Folie einwickeln und einen Tag kalt stellen. Die Folie entfernen, 1 cm dicke Scheiben abschneiden und diese 10 Minuten bei 160 °C backen. Da sie beim Backen nicht aufgehen oder schmelzen, können sie dicht beieinander liegen.

Heidesand

125 g Margarine
100 g Rohrohrzucker
1 Prise Salz
1 MSP Bourbon-Vanille
150 g Reismehl, fein
20 g Kartoffelstärke
30 g Maismehl, fein
1 gestrichener TL Guarkernmehl
½ Tasse Reisdrink

Für ¼ des Teigs:
1 EL Kakao
1 EL Zuckerrübensirup

Die Margarine und den Zucker 5 Minuten kochen, alle Zutaten, außer Kakao und Zuckerrübensirup, hinzufügen und zu einem hellen Teig verarbeiten. Ein Viertel des Teigs noch mit Kakao und Zuckerrübensirup anreichern. Ein Viertel des Teigs mit Kakao und Zuckerrübensirup anreichern und, mit dem restlichen Teig vermischt, zu zwei Rollen formen. Dabei soll der Teig noch zweifarbig sein. Die Rollen in Folie einwickeln und einen Tag kalt stellen. Die Folie entfernen, 1 cm dicke Scheiben abschneiden und diese im vorgeheizten Backofen 10 Minuten bei 160 °C backen. Da sie beim Backen nicht aufgehen oder schmelzen, können sie dicht beieinander liegen.

Marmorplätzchen

[handschriftliche Notiz: evtl. Öl + H2O zugeben (= wenn Teig ø zusammen geht)]

50 g Margarine, 70 g Rohrohrzucker
50 g Maismehl, fein
30 g Maisstärke, 20 g Reismehl, fein
1 gestrichener TL Guarkernmehl

Für ⅓ des Teigs:
2 EL Wasser
1 EL Zucker, 1 EL Kakao

In die Margarine den Zucker, das Mehl und das Guarkernmehl einkneten. Am besten geht das mit bloßen Händen. Ein Drittel des Teigs mit Kakao, Zucker und Wasser anreichern und mit dem restlichen Teig locker vermischt zu zwei Rollen formen. Dabei soll der Teig noch zweifarbig sein. Die Rollen in Folie einwickeln und einen Tag kalt stellen. Die Folie entfernen, ein Zentimeter dicke Scheiben abschneiden und diese auf das mit Backpapier ausgelegte Backblech legen. Da sie beim Backen nicht aufgehen oder schmelzen, können sie dicht beieinander liegen.
Im vorgeheizten Backofen bei 160 °C 10 Minuten backen.

Honigplätzchen

> 70 g Honig
> 30 g Zuckerrübensirup
> 50 g Margarine
> 100 g Maismehl, fein
> 20 g Maisstärke
> 50 g Reismehl, fein
> 1 gestrichener TL Backpulver
> 1 MSP Bourbon-Vanille
> ½ gestrichener TL Kakao
> ½ gestrichener TL Zimt
> 1 gestrichener TL Guarkernmehl

Alle Zutaten zu einem Teig kneten, diesen zwischen zwei Blättern Backpapier dünn ausrollen und mit kleinen Ausstechformen Figuren ausstechen. Mit einem breiten Messer abheben und auf ein mit Backpapier belegtes Backblech legen. Die Backzeit bei 160 °C (vorgeheizt) beträgt nur 7 bis 8 Minuten.

Doppeldecker

> *Teig:*
> 50 g Margarine
> je 1 Prise Zimt und Kakao
> 30 ml Agavendicksaft
> 25 g Zuckerrübensirup
> 20 ml Reisdrink/Wasser
> 1 kleine Prise Salz
> 70 g Reismehl, fein, 30 g Maisstärke
> *Belag:*
> Marmelade

Alle Zutaten zu einem Teig verarbeiten, diesen zwischen Backpapier auswellen und mit einem Glas runde, dünne Plätzchen ausstechen. Bei der Hälfte davon mit einer kleineren Form noch ein kreisrundes Loch ausstechen. Auf einem Backblech, ausgelegt mit Backpapier, im vorgeheizten Backofen etwa 10 Minuten bei 160 °C backen.
Die Hälfte der noch warmen Plätzchen mit Marmelade bestreichen und ein zweites Plätzchen darauf legen.

Mandel-Ingwerplätzchen

30 g Ingwer
40 g Maismehl, fein, 30 g Maisstärke
30 g Margarine, 70 ml Zuckerrübensirup
½ TL Guarkernmehl, 1 kleine Prise Salz
50 g gehobelte Mandeln

Ein Stück Ingwerwurzel schälen, klein hacken oder durch eine Knoblauchpresse drücken und mit allen Zutaten zu einem Teig verarbeiten, dabei die Mandeln erst zuletzt zufügen. Mit den Händen kleine Kugeln formen, diese platt drücken und bei 160 °C (vorgeheizt) etwa zwölf Minuten backen.

Spekulatius

Gewürze:
3 Nelken, 5 Anissamen
½ MSP Muskatnuss
5 Körner Koriander
Samen aus 3 Kardamomkapseln
1 MS Vanille, 1 EL Zimt, 5 EL Wasser
Teig:
50 g Margarine
70 g Reismehl, fein
25 g Maisstärke, 25 g Kartoffelstärke
1 gestrichener TL Backpulver
30 g Zuckerrübensirup, 50 g fester Honig
Boden:
Mandelscheiben

Die Gewürze in einem Mörser fein zerreiben. Alle Teigzutaten zu einem Teig verarbeiten und zwischen Backpapier ausrollen. Mit einem scharfen Messer Rechtecke schneiden oder mit einem Glas Kreise ausstechen. Diese auf Mandelscheiben drücken und auf einem mit Backpapier ausgelegten Backblech im vorgeheizten Backofen 12 Minuten bei 160 °C backen.
Ich besitze zwar passende Spekulatiusmodel aus Holz. Der Teig lässt sich aber nicht schadlos herauslösen. Auch nicht, wenn die Formen vorher mit Öl ausgestrichen waren, denn das Holz hat dieses aufgesaugt.
Spekulatius schmecken aber auch ohne Verzierungen gut.

Plätzchen backen

Haselnuss-Schokoplätzchen

50 g Zartbitterschokolade
100 g Margarine
2 EL Zuckerrübensirup
40 g Puderzucker
50 g Maismehl
50 g Vollkornreismehl
20 g Maisstärke
1 Prise Salz
1 gestrichener TL Backpulver
½ EL Guarkernmehl
100 g gemahlene Mandeln

Die Schokolade in kleine Stücke schneiden. Alle anderen Zutaten zu einem Teig verarbeiten und die Schokoladenstücke unterkneten.
Eine Rolle formen, in Folie einwickeln und einen Tag kalt stellen. Nach Entfernen der Folie 1 cm dicke Teigscheiben abschneiden und diese auf einem mit Backpapier ausgelegten Backblech im vorgeheizten Ofen 10 Minuten bei 160 °C backen. Da die Plätzchen beim Backen nicht aufgehen oder schmelzen, können sie dicht beieinanderliegen.
Sie schmecken noch besser mit einem Schokoladenguss.

Nusstaler

30 g Zuckerrübensirup
1 Prise Salz
30 g Mandeln, gemahlen
30 g Kartoffelstärke

Alle Zutaten mit einem Teigschaber, der einen Stiel hat, verkneten. Das ist zunächst eine klebrige Angelegenheit. Zwischendurch den Teigschaber mit einem Messer von der Masse befreien. Erst wenn sich eine gleichmäßige Masse gebildet hat, diese nochmals mit bloßen Händen durchkneten und zwischen zwei Folien Backpapier zwei Millimeter dünn ausrollen. Mit kleinen Ausstechformen Figuren ausstechen, diese mit einem breiten Messer abheben und auf ein mit Backpapier belegtes Backblech legen. Die Backzeit im vorgeheizten Backofen bei 160 °C beträgt nur 7 bis 8 Minuten.
Je nach Geschmack mit Schokoladenguss überziehen.

Alternativ können Sie Schokotaschen, ähnlich wie Ravioli, backen. Dafür kleine Teigkugeln flachdrücken, ein paar Schokoladenkrümel auf ein Teigstück legen und mit einem zweiten Stück belegen. Mit den Fingern rundherum zudrücken und backen.

Vanillekipferl

125 g Margarine
1 Ei
4 EL Agavendicksaft
150 g feines Reismehl
1 gestrichener TL Guarkernmehl
1 kleine Prise Salz
4 g Backpulver
½ TL Bourbon Vanillepulver
Zum Wälzen:
Vanillezucker (S. 86)

Das Ei schaumig schlagen, die weiche Margarine zufügen und zusammen mit den übrigen Zutaten zu einem Teig verarbeiten.
Kleine Halbmonde formen und bei etwa 180 °C 10 bis 12 Minuten goldbraun backen. Noch warm in Vanillezucker wälzen.

Naschen ohne Backen

*Du musst nicht nur mit dem Munde, sondern auch mit dem Kopfe essen,
damit dich nicht die Naschhaftigkeit des Mundes zugrunde richtet.*
Friedrich Nietzsche (1844–1900)

Allgemeines

Pralinen, Trüffeln und Naschereien für zwischendurch, als Geschenk oder zu einer guten Tasse Kaffee oder Tee enthalten meistens Milchprodukte. Ich habe deshalb ein paar laktosefreie Rezepte ausprobiert. Weil sie alle aber »Hüftgold« sind – oder wie ein altes deutsches Sprichwort sagt: »Was Mäulchen nascht, muss Leibchen büßen« – und ich es schöner finde, eine große Geschmacksvielfalt zu haben, sind diese Rezepte nur auf kleine Mengem abgestimmt. Natürlich können Sie die Zutaten verdoppeln oder beliebig vervielfachen.
Ich habe immer eine Bio-Zartbitterschokolade verwendet, schon weil ich sie als deutlich besser im Geschmack empfinde.

Tipps und Tricks

- Wichtig ist, dass Puderzucker, vor allem der aus Rohrohrzucker hergestellte, immer gesiebt werden muss. Ihn vorher kurz zu mörsern, erleichtert das Sieben.
- Kokosmilch – nicht zu verwechseln mit dem Kokoswasser in der Kokosnuss – besteht aus dem Fruchtfleisch, das mit Wasser püriert ist. Sie muss kühl gelagert werden, damit sich die feste Masse von der Flüssigkeit trennt. Die Flüssigkeit ist für Trüffeln nicht geeignet. Verwenden Sie nur die feste Masse, die nach dem Öffnen der Dose stückweise mit einem Messer herausgeholt werden kann. Das Flüssige verwenden Sie für Kuchen oder dergleichen. Es hält sich ein paar Tage im Kühlschrank.
- Schokolade nur im heißen Wasserbad schmelzen, dafür reicht meistens schon das heiße Wasser aus der Wasserleitung. Das gilt auch für die Margarine und die Kokosmilch.

Naschen ohne Backen

- Für Trüffelpralinen die geschmolzene Masse immer auf ein kleines Blatt Backpapier gießen.
- Ehe Sie Kugeln formen, müssen Sie die Masse mindestens einen Tag ruhen lassen.
- Damit die Kugeln nicht aneinander kleben, nach dem Formen in Kakaopulver, Kokosflocken, Sesamsamen u. a. wälzen.

Marzipankartoffeln

>250 g Mandeln
>250 g Puderzucker
>3 EL Kakaopulver

Die Mandeln in kochendes Wasser legen, nach wenigen Minuten das Wasser abgießen und nach dem Erkalten die Haut abziehen. Den Puderzucker hinzufügen und pürieren, dabei Pausen einlegen, denn der Pürierstab muss Schwerarbeit leisten und könnte Schaden nehmen. Wenn Sie einen Fleischwolf haben, würde ich es zunächst damit versuchen und erst zum Schluss pürieren. Bei meinen Marzipankartoffeln waren noch kleine Mandelstückchen enthalten – geschmeckt haben sie trotzdem.
Am besten eignet sich jedoch eine Mandelmühle. Wenn Sie die Mandeln dreimal durch die Mühle drehen, erhalten Sie ein feines Mandelmehl. Dieses mit dem Puderzucker leicht erwärmen und verrühren.
Zum Schluss Kugeln formen und diese in Kakao wälzen.

Schnelle Marzipankartoffeln

>100 g Mandelmus, weiß
>100 g Puderzucker
>2 El Kakaopulver

Das weiße Mandelmus mit dem Puderzucker verrühren, Kugeln formen und diese in Kakao wälzen. Geht schnell, schmeckt lecker, ist aber teurer als die erste Variante.

Naschen ohne Backen

Nuss-Sirupkugeln

50 g Mandeln, gemahlen
10 g Puderzucker
15 g Zimt
50 g Zuckerrübensirup
2 EL Zimt

Außer dem Zimt alle Zutaten mit einem Teigschaber, der einen Stiel hat, verrühren. Das ist zunächst eine klebrige Angelegenheit. Zwischendurch den Teigschaber mit einem Messer von der Masse zu befreien, ist dabei hilfreich. Erst wenn eine homogene Masse entstanden ist, diese nochmals mit den Händen durchkneten und gegebenenfalls noch eine kleine Menge gemahlene Mandeln hinzufügen. Der Teig sollte fast nicht mehr kleben. Kleine Kugeln aus dem Teig formen und diese in Zimt oder gemahlenen Mandeln wälzen.

Mandelkugeln

100 g Mandelmus (braun)
100 g Puderzucker, 1 TL Zimt
1 MSP Bourbon-Vanille
2 El Zimt oder gemahlene Mandeln

Das Mandelmus mit Puderzucker, Zimt und Vanille verrühren, Kugeln formen und diese in Zimt oder gemahlenen Mandeln wälzen. Schmeckt lecker, aber nicht wie Marzipan, auch wenn die Zutaten ähnlich sind. Für den Marzipangeschmack muss das Mandelmus weiß sein.

Fruchtkugeln

Trockenobst nach Geschmack
Zimt oder gemahlene Mandeln

Das Trockenobst entweder mehrfach durch einen Fleischwolf drehen oder mit einem scharfen Messer ganz fein schneiden. Feigen sollten auf jeden Fall dabei sein, denn deren Inneres klebt besonders gut. Es dürfen noch kleine Stückchen enthalten sein, wenn Sie Kugeln daraus formen. Die Kugeln in Zimt oder gemahlenen Mandeln wälzen.

Rosinenkugeln

4 El Rosinen
2 EL Zuckerrübensirup
8 EL Mandeln, gemahlen

Die Rosinen mit einer Knoblauchpresse zerkleinern und mit den restlichen Zutaten zu einer festen Masse kneten. Das geht am besten mit einem Teigschaber, den man zwischendurch mit einem Messer von der Masse befreit. Alternativ kann man die Rosinen durch einen Fleischwolf drücken. Zu Kugeln geformt, schmecken sie köstlich.

Gefüllte Datteln

Mandeln
Datteln

Die Mandeln in heißes Wasser legen, dieses abgießen und nach dem Erkalten die Mandeln häuten.
Die Datteln entkernen und statt des Kerns eine geschälte Mandel hinein stecken. Klingt einfach, ist einfach und Datteln mit Mandeln sind eine leckere Geschmackskombination. Tunesische Datteln eignen sich besonders gut.

Gebrannte Mandeln

1 Tasse Zucker
2 EL Wasser
1 Tasse Mandeln
1 EL Zimt

Den Zucker in Wasser etwa 3 Minuten kochen. Die Mandeln dazugeben und 2 bis 4 Minuten weiterkochen, bis der Zucker hellbraun wird. Den Zimt darüber streuen, gut umrühren, alles schnell aus der Pfanne auf einem Backpapier verteilen und abkühlen lassen. Das schmeckt wie auf einem Weihnachtsmarkt oder auf der Kirmes!

Naschen ohne Backen

Kandierte Mandeln

½ Tasse Rohrohrzucker
2 Tassen Mandeln oder Cashewkerne

Die Mandeln mit heißem Wasser überbrühen, das Wasser abgießen und die Schalen abstreifen. Den Zucker in einer heißen Pfanne auflösen, 2 bis 4 Minuten kochen, dabei ständig rühren und die Mandeln dazugeben. Den Herd abschalten, die Mandeln weiterrühren, bis sie klebrig werden. Auf ein Backpapier mit einem Messer verstreichen und erkalten lassen. Die Mandeln lassen sich jetzt trennen.

Sesamkrokant

2 Tassen Rohrohrzucker
2 Tassen Sesam

Eine besonders aromatische Süßigkeit. Fertig gekauft genießt man sie, des hohen Preises wegen, nur in kleinen Mengen. Selbst hergestellt ist Sesamkrokant eine preiswerte Näscherei.
Den Zucker schmelzen und 3 bis 4 Minuten unter Rühren kochen, aber nicht anbrennen lassen: Je länger, desto kräftiger wird der Geschmack.
In den geschmolzenen Zucker – Vorsicht, er ist sehr heiß – die Sesamsaat einrühren, die Masse auf einem Backpapier verteilen und auskühlen lassen. Dann in Stücke brechen, die trocken aufbewahrt werden müssen.

Schokocrunchy

60 g Zartbitterschokolade
40 g Cornflakes, ungezuckert

Die Schokolade in einem warmen Wasserbad schmelzen und die Cornflakes einrühren. Die Masse auf Backpapier verteilen und nach dem Erkalten in Stücke brechen. Mit etwas mehr Schokolade kann man auch kleine Häufchen auf das Papier setzen.

Schokopopcorn

Popcorn:
1 TL Kokosfett
30 g Popcornmais
Schokolade:
10 g Kokosfett
50 g Zartbitterschokolade
5 g Puderzucker

In einem Kochtopf mit Deckel die Maiskörner im heißen Fett puffen. Sie sind fertig, wenn es im Topf leise wird. Das Popcorn in eine Müslischüssel füllen. Im heißen Wasserbad die Schokolade und das Fett schmelzen, den Zucker unterrühren und über das Popcorn gießen. Mit zwei Löffeln umrühren, bis alle Popcornflocken weitgehend mit Schokolade benetzt sind. Nach dem Erkalten genießen. Selbstverständlich kann der Schokoladenanteil erhöht werden.

Schokomandeln

30 g Zartbitterschokolade
80 g Mandelstückchen
½ TL Zimt

Die Schokolade in einem warmen Wasserbad schmelzen und die Mandelstückchen mit dem Zimt einrühren. Die Masse dann auf Backpapier verteilen und nach dem Erkalten in Stücke brechen.

Schokotrüffeln

25 g Margarine
50 g Zartbitterschokolade
20 g Puderzucker
2 MSP Vanille

Die Margarine zusammen mit der Schokolade in einem warmen Wasserbad schmelzen und den Puderzucker und die Vanille unterrühren. Die Masse auf ein Backpapier gießen und einen Tag ruhen lassen. Mit den Händen kleine Kugeln formen und erneut zwei Tage ruhen lassen.

Schoko-Mandel-Trüffeln

>10 g Mandelstückchen
>25 g Margarine
>50 g Zartbitterschokolade
>20 g Puderzucker, 2 MSP Vanille

Die Mandelstückchen ohne Fett in der Pfanne hellbraun rösten. Vorsicht, denn sie brennen schnell an.
Die Margarine zusammen mit der Schokolade in einem warmen Wasserbad schmelzen und den Puderzucker, die Vanille und die Mandeln unterrühren. Die Masse auf Backpapier gießen und einen Tag ruhen lassen. Mit den Händen kleine Kugeln formen und erneut zwei Tage ruhen lassen.

Sirup-Zimt-Trüffeln

>50 g Schokolade
>20 g Kokosfett
>20 g Zuckerrübensirup
>je 1 gestrichener TL Kakao und Zimt

Alle Zutaten in heißem Wasser schmelzen, die Masse auf Backpapier gießen und nach dem Erkalten Kugeln formen, die Sie noch in weiterem Zimt wälzen können.

Kokostrüffeln

>30 g Kokosmilch aus der Dose
>50 g Zartbitterschokolade
>20 g Margarine
>2 MSP Vanille, 1 EL Kakao
>evtl. 30 g Kokosflocken

Die feste Masse aus der Kokosmilchdose zusammen mit der Margarine und der Schokolade in einem warmen Wasserbad schmelzen und den Puderzucker, die Vanille und den Kakao unterrühren. Die Masse auf ein Backpapier gießen und einen Tag ruhen lassen. Mit den Händen kleine Kugeln formen, evtl. in Kokosflocken wälzen und ruhen lassen.

Kokoscrunchy

20 g Zartbitterschokolade
5 g Kokosfett
5 g Puderzucker
20 g Kokosflocken

Die Schokolade und das Kokosfett schmelzen, den Zucker hinzufügen und zum Schluss die Kokosflocken einrühren. Auf einem Backpapier verteilen, erkalten lassen und mit einem scharfen Messer in kleine Stücke oder Würfel schneiden.

Thymiantrüffeln aus Thymianaufguss

1 gehäufter EL Thymian
4 EL heißes Wasser
50 g Zartbitterschokolade
20 g Margarine
10 g Puderzucker
1 TL Kakao

Den Thymian mit etwas heißem Wasser übergießen und 15 Minuten abgedeckt stehen lassen. Inzwischen Schokolade und Margarine im Wasserbad schmelzen. Vom Thymianaufguss 1 Esslöffel entnehmen zu der geschmolzenen Schokolade und Margarine geben. Puderzucker und Kakao einrühren und die Trüffelmasse auf ein Backpapier gießen. Am nächsten Tag Kugeln formen und diese in Kakao wälzen.

Thymiantrüffeln aus Thymianpulver

1 TL Thymianpulver
30 g Margarine*
50 g Zartbitterschokolade
20 g Puderzucker

Thymian in einem Mörser zerreiben und das Feine aussieben. Dafür benötigt man mehr als 1 Teelöffel Thymian. Den groben Rest des Thymians einfach für etwas anderes verwenden.
Die Margarine zusammen mit der Schokolade in einem warmen Wasserbad schmelzen und den Puderzucker und das feine Thymianpulver unterrühren. Die Masse auf ein Backpapier gießen und einen Tag ruhen lassen. Mit den Händen kleine Kugeln formen und erneut zwei Tage ruhen lassen.

Zitronentrüffeln

30 g Zartbitterschokolade
10 g Kokosfett
10 g Puderzucker
3 g Kakao
5 g Zitronensaft

Alle Zutaten im Wasserbad schmelzen, verrühren, auf ein Backpapier gießen und erkalten lassen. Danach Kugeln formen und genießen.

Mandelschokolade

30 g Zartbitterschokolade
5 g Puderzucker
5 g Kakao
15 g Mandelmus

Die Schokolade im warmen Wasserbad schmelzen und die restlichen Zutaten unterrühren. Dafür vorher das Mandelmus im Glas umrühren, denn das Öl schwimmt meistens oben.
Die Masse auf einem Stück Backpapier erkalten lassen und in kleine Stücke schneiden.

Crispschokolade

    30 g Zartbitterschokolade
    2 gehäufte EL Zwiebackbrösel

Die Schokolade im warmen Wasserbad schmelzen und die Zwiebackbrösel unterrühren.
Nach dem Erkalten mit einem scharfen Messer kleine Vierecke schneiden.

Unterwegs

Allgemeines

Ein sehr viel ausführlicheres Kapitel zum Thema Reisen, finden Sie in meinem Buch »Glutenfrei leben«. Zu meinen zahlreichen Hobbys zählt das Reisen, je weiter, desto besser. Zum echten Erholen muss ich anderes sehen, hören und riechen. An einem reinen Strandurlaub in einem entsprechenden Hotel, möglichst noch mit »Essen wie bei Muttern«, habe ich keine Freude. Solche Reisen, also mit Rucksack und öffentlichen Verkehrmitteln, erscheinen mit meiner »Diät« – also gluten- und laktosefrei – beinahe unmöglich. Dazu kommt, dass ich wegen einer angeborenen Nierenerkrankung kein Fleisch essen kann.
Meine Erfahrung ist aber, je weniger »westlich« das Land ist, desto einfacher ist es für mich, entsprechendes Essen zu bekommen. Oftmals an Garküchen, denn dort kann man sehen, was es gibt. Zettel in der entsprechenden Sprache helfen mir immer dabei, wobei wir auch auf Menschen trafen, die Analphabeten waren. Geklappt hat es trotzdem, denn irgendjemand im Lokal kann meistens lesen und hilft gerne.
Bei all diesen Reisen stellten wir fest, dass wir gerade wegen meiner Diät schöne Erlebnisse hatten und Menschen kennenlernten, die uns manchmal sogar in ihre Familien einluden – ein ganz besonderes und seltenes Erlebnis.
Wenn Sie in einem Hotel Urlaub machen, das ein Büfett anbietet, was meistens der Fall ist, müssen Sie nur entsprechend Brot und eventuell Brotbelag mitnehmen. Im Hotel bitten Sie darum, dass man es für sie einfriert, falls das nötig ist.
Am Büfett gibt es eigentlich immer etwas für Sie. Gluten gibt es in den meisten Ländern nur als Weizen zum Beispiel in Nudeln. Milchprodukte sind selten in jeder Soße. Bitten Sie sonst um eine milchfreie Extraportion.

Kurzreise

Bis zu vier Tage ist eine Reise vollkommen unproblematisch, denn selbstgebackenes Brot hält sich so lange. Dafür backe ich aber gerne das Brot im Backofen in einer Kastenform. Es ist dann größer als aus dem Backautomat und bleibt länger frisch, denn ich backe es für Kurzreisen absichtlich etwas länger. Ein Brot, im eigenen Herd aus einem Fertigmehl gebacken, schmeckt auch am vierten Tag noch vorzüglich. Glücklicherweise steht bei den meisten Frühstücksbüfetts der Hotels ein Toaster. Ein von mir mitgebrachter Toastbeutel[*] garantiert mir die Glutenfreiheit.
Es gibt heute kaum mehr eine im Hotel angestellte Person, die nicht etwas über »glutenfrei« weiß, was den Vorteil hat, dass man immer auf Verständnis stößt und getrost das eigene Brot auspacken kann. Ich habe erlebt, dass man sogar sehr bemüht ist, mir irgendetwas Spezielles aus der Küche zu zaubern, das nicht auf dem Büffet angeboten wird. Meistens war es Extraobst.
Ähnliches gilt natürlich auch für Kuchen, wobei ich meistens einfach ein paar Plätzchen mitnehme.

Ferienwohnung

In Ferienwohnungen ist es unkompliziert, sich glutenfrei zu ernähren. Fragen Sie vor der Reise, ob es einen funktionierenden Backofen gibt: Darin können Sie im Urlaub Ihr Brot frisch backen. Vielleicht leiht man Ihnen ja auch einen Handmixer und eine Kastenform. Wenn nicht, nehmen Sie beides einfach mit.

Brot und Kuchen unterwegs

Brot wickele ich zunächst in Brotpapier ein und erst dann in eine Plastiktüte. Noch besser ist die Aufbewahrung in einer Brotdose.
Kuchen lege ich in eine Brotdose oder auf einen Teller, den ich mit Folie überdecke.
Plätzchen habe ich bei jeder Reise in einer Brotdose bei mir. Sie krümeln so nicht und helfen mir aus jeder Situation.

---

[*] Erhältlich im Handel für glutenfreie Produkte.

Unterwegs

Wird man zum Kaffee eingeladen, bekommen die Gastgeber ein schlechtes Gewissen, wenn sie nichts Glutenfreies anbieten können. Ein paar selbst mitgebrachte Plätzchen können da schon hilfreich sein. Meistens bekommt man alternativ noch Obst angeboten oder man kann danach fragen. Gemeinsam zusammenzusitzen und Kuchen zu essen, ist für das Gemeinschaftsgefühl wichtig. Was man dabei isst, ob es eine Torte oder ein paar Plätzchen sind, ist doch eigentlich zweitrangig. Diese Einstellung vermittle ich, wenn es zum Bedauern kommt, und alle sind zufrieden.

Lange Reise

Nehmen Sie ein Waffeleisen oder einen »Donutmaker« (zum Backen von Bagels, s. S. 50 ff) und Mehl mit, dann können Sie morgens im Hotelzimmer Ihr »Brot« backen und es im Frühstücksraum verzehren.
Vergessen Sie aber den Steckeradapter nicht und probieren Sie vor der Reise aus, ob der Waffeleisenstecker auch in den Adapter passt. Eventuell müssen Sie zwei kleine Stege aus dem Adapter entfernen. Im Urlaub haben Sie dafür vielleicht nicht das richtige Werkzeug mit.
Wenn Sie in Länder mit 110 Volt Spannung reisen, können Sie dort (nur in westlichen Ländern) gegebenenfalls auch ein Waffeleisen kaufen. Diese gibt es meistens in den großen Supermärkten in der Elektroabteilung.
Wenn Sie nach Australien, Neuseeland oder in die Vereinigten Staaten reisen, werden Sie in großen Bioläden problemlos glutenfreie Brote finden. Wo diese Läden sind, sollten Sie der Einfachheit halber vorher im Internet recherchieren. Die Brote werden meistens aufgeschnitten in großen Beuteln angeboten. Sie schmecken – vor allem nach dem Toasten – erstaunlich gut. In diesen Bioläden gibt es auch eine große Auswahl gluten- und laktosefreier Brotaufstriche.

Mehl für unterwegs

Nehmen Sie Ihr Lieblingsmehl, zu Hause schon vermischt mit Verdickungsmittel, Salz und Backtriebmittel, mit. Rechnen Sie eine kleine Reservemenge dazu.
Sie können im Urlaubsort Wasser hinzufügen und Waffeln oder Bagels backen. Denken Sie aber daran, dass es relativ viele Länder gibt, in die nur originalverpackte Lebensmittel eingeführt werden dürfen.

Adressen

Deutsche Zöliakie-Gesellschaft e.V.
Kupferstraße 36
D-70565 Stuttgart
Telefon +49 (0)711-45 99 81-0
www.dzg-online.de

Österreichische Arbeitsgemeinschaft Zöliakie
Anton-Baumgartner-Straße 44/C5/2302
A-1230 Wien
www.zoeliakie.or.at

IG Zöliakie der Deutschen Schweiz
Mittlere Strasse 35
CH-4056 Basel
www.zoeliakie.ch

Sorghum/Milomehl:
Ethno-Versand
Gartenstraße 1
D-92263 Ebermannsdorf
Telefon +49 (0)9624-47 43 89
www.ethno-versand.de

Brownie-Backmischung:
Bauckhof Demeter Naturkost
Duhenweitz 4
D-29571 Rosche
Telefon +49 (0)5803-98 73-0
www.bauckhof.de

Adressen

Schär-Produkte:
Reformhäuser und Naturkostläden
www.schaer.com/de

Hammermühle-Produkte:
Reformhäuser und
Hammermühle GmbH
Hauptstraße 181
D-67489 Kirrweiler
Telefon +49 (0)6321-95 89 0
www.hammermuehle.de

Mehr zu meinen Büchern:
www.nora-kircher.de
www.haedecke-verlag.de

Bilder zu Rezepten **in diesem Buch:**
www.nora-kircher.de

Eigene Notizen

Eigene Notizen

Eigene Notizen

Buchempfehlungen

In derselben Reihe erschienen:

Leben ohne Gluten
von Nora Kircher

Praktischer Rategeber mit
über 150 Rezepten
186 Seiten, ISBN 978-3-7750-0709-2

Milchallergie und Laktoseintoleranz
von Nora Kircher

Praktischer Ratgeber mit
über 150 Rezepten
175 Seiten, ISBN 978-3-7750-0710-8

**Milchfrei leben
Glutenfrei leben**
von Nora Kircher

Ratgeber bei Laktoseintoleranz und
Zöliakie – mit über 150 Rezepten
128 Seiten, ISBN 978-3-7750-0711-5

Die Natursalz-Apotheke
von Nora Kircher

Heilkräfte des weißen Goldes.
Unterschiede und Wirkungen der
verschiedenen (Kristall-)Salze
96 Seiten, ISBN 978-3-7750-0712-2

Buchempfehlungen

In derselben Reihe erschienen:

Purinarm leben
von Nora Kircher

Natürliche Hilfe und dir richtige Ernährung bei Gicht – mit über 130 Rezepten
134 Seiten, ISBN 978-3-7750-0713-9

Cholesterinarm leben
von Nora Kircher

Praktischer Ernährungsratgeber bei zu hohen Blutfettwerten mit über 150 Rezepten
141 Seiten, ISBN 978-3-7750-0714-6

Leben mit Blutverdünnern
von Nora Kircher

Gesunde Ernährung mit wenig Vitamin K. Über 180 Rezepte
179 Seiten, ISBN 978-3-7750-0715-3

Die Buchreihe der Edition GesundheitsSchmiede gibt kompetenten Rat und praxisnahe Informationen einer erfahrenen Heilpraktikerin. Viele einfache Rezepte und Tipps für den Alltag helfen den Betroffenen, ein Stück Lebensqualität zurück zu gewinnen. Alle Bücher sind im Buchhandel erhältlich.

Ausführliche Informationen über diese und weitere naturmedizinisch orientierte Ratgeber erhalten Sie bei
Hädecke Verlag, D-71256 Weil der Stadt
Tel. ++49(0)7033-138080 / Fax 1380813
www.haedecke-verlag.de